PAISAJE OBLICUO
Desdoblamiento. Discontinuidad. Desvío.

Diego Bentivegna

PAISAJE OBLICUO
Desdoblamiento. Discontinuidad. Desvío.

Diego Bentivegna

2006

Paisaje Oblicuo. – 1° ed. –

Buenos Aires: SIGAMOS   ENAMORADAS, 2006

Diseño gráfico y tapa: Julián Fernández

Coordinación gráfica y armado: Ángel P. Fichera

Imagen de tapa: Timo Berger

IMPRESO EN ARGENTINA

Queda hecho el depósito que prevé la ley 11.723

ISBN: 987-22678-3-9

ISBN-13: 978-987-22678-3-4

1.   Ensayo Argentino. CDD A864
        Fecha de catalogación: 31/08/2006

Se permite la difusión del material con solo mencionar la fuente.

No es raro que este libro sea visto como una recolección repentina de textos nacidos bajo condiciones de producción (la universidad, el periodismo cultural, la industria editorial) demasiado heterogéneas como para terminar configurando un todo relativa- mente coherente. Lo cierto es que los escritos aquí reunidos no pretenden diseñar un plano exacto y completo de los objetos disímiles que abordan (Borges, la escritura epistolar, Agamben, la impresión de lo ya visto, Pasolini, Benjamin, el arte y el dinero, Negri, la noción de autor, la deconstrucción, etc.), sino más bien internarse en algunas zonas del territorio cambiante e indócil del arte, la crítica, la literatura o la teoría de la modernidad tardía: en una palabra, en algunas zonas de su *pensamiento*. El instrumental teórico al que estos textos se confían quizá sea en algunas ocasiones demasiado rígido; en otras, demasiado precario. Confío en que esos dos rostros de la carencia configuren una condición propicia para atisbar, al menos por un instante, lugares inesperados.

La lógica que atraviesa el paisaje explorado por este libro no es la lógica compacta de la sucesión lineal, sino la oblicua del quiebre y la recurrencia. Ello explica, tal vez, el criterio aparentemente aleatorio y poco sistemático con el que se presentan los textos, escritos entre 1998 y 2005 entre la Argentina e Italia y agrupados ahora en tres series tentativas (la del desdoblamiento, la de la discontinuidad, la del desvío) atendiendo tan sólo a algunos genéricos puntos de contacto.

Agradezco a Cecilia Romana, Daniel Link, Mateo Niro y Pabla Diab por la lectura de la primera versión de este libro y por las valiosas sugerencias que me han acercado y que han mejorado un texto muchas veces ríspido y pantanoso. *Paisaje oblicuo* le debe mucho también al diálogo con mis compañeros de trabajo y de estudio (el Instituto de Lingüística y las Cátedras de Semiología y de Literatura del siglo XX de la UBA), así como a la posibilidad de profundizar algunos aspectos gracias a las becas de investigación otorgadas por el CONICET y por la Scuola Normale Superiore pisana. En este sentido, han resultado especialmente significativas —sobre todo para el primer ensayo— las observaciones de Carla Benedetti, profesora de Literatura Italiana en la Universidad de Pisa.

Paisaje oblicuo no existiría sin la generosidad de Cecilia Romana, Marina Serrano y Mercedes Araujo. Son ellas quienes han hecho posible amorosamente la publicación de este libro.

Sierras de Calamuchita, julio de 2006

DESDOBLAMIENTO, DINERO Y CUERPO. DE BORGES A PASOLINI

Soy, pero soy también el otro, el muerto...

1.	A primera vista, «El otro», el cuento de Jorge Luis Borges escrito según los rígidos cánones del género fantástico, y el extraño híbrido pasoliniano titulado *La divina Mimesis*, publicados ambos en 1975, pertenecen a espacios literarios diferentes y a proyectos que resultan, en principio, difíciles de conciliar. Sin embargo, hay un punto a partir del cual se puede pensar el conjunto de problemáticas que rastrearemos en ambos textos: se trata de leer en ellos dos modos de dar cuenta del agotamiento del proyecto estético de la modernidad, de dos modos de configurar una escritura en la que los rasgos de la lógica de producción del arte modernista –rechazo de los géneros en favor de la originalidad[1] – aparecen reformulados a partir de un mismo recurso: el desdoblamiento.

Tanto la producción escrita de Borges como la de Pasolini han sido leídas en relación con el agotamiento del proyecto estético de la modernidad y como el pasaje a un nuevo estadio de la producción literaria que no puede ser considerado, ya, moderno[2] . En el caso de Borges, el agotamiento del proyecto modernista se presenta como una escritura capaz de adentrarse en la zona de las literaturas populares y de la cultura de masas[3] y

---

[1] Cfr. Carla Benedetti, *Pasolini contro Calvino. Per una letteratura impura*, Bollati Boringhieri, Turín, 1998, p. 18.

[2] Como me recuerda sabiamente Daniel Link, una de las lecturas más influyentes en la inclusión la literatura de Borges en el paquete postmoderno ha sido la del escritor John Barth. Cfr., sobre todo, su "La literatura del agotamiento", en Jaime Alazraki (ed.), *Jorge Luis Borges*, Taurus, Madrid, 1976.

[3] Dice Beatriz Sarlo con respecto al Borges de los años '30: «[Borges] Pudo escribir *El aleph* y *Ficciones* porque antes había

como borrado de los límites entre texto y comentario, entre literatura y crítica, entre ficción y no ficción. En el caso de Pasolini, del último Pasolini, este agotamiento se presenta como una poética del inacabamiento y de la contaminación. En todo caso, son textos en los que se piensa el estatuto del arte en un momento de redefinición de las prácticas artísticas de la modernidad, en un momento de «estallido de la esfera de la estética» y de estetización de lo social, en un movimiento que se apropia del proyecto de la vanguardia de hacer coincidir arte y vida sobre la base de la producción serializada de productos culturales, es decir, sobre la base de la industria de la cultura.

Tanto en *La Divina Mimesis* como en «El otro», el problema del desdoblamiento se pone en relación con el problema de la categoría de autor: en ambos casos, el yo narrativo se desdobla en un otro que representa un estadio de iniciación, de un momento si se quiere *modernista y utópico*, de la producción literaria de Borges y de Pasolini. En efecto, se trata de textos inscriptos en la tradición de la «literatura autobiográfica» en los que el nombre del autor se inscribe no como límite, como firma o como garante de la unidad y la clausura textual, sino que se inscribe *dentro* del propio texto. A partir del desdoblamiento y de la inscripción del nombre propio que se observan en ambos textos, en este trabajo nos proponemos analizar en qué medida la estrategia del desdoblamiento permite pensar la «muerte del autor», que, justamente a fines de la década del 60, se declara en el artículo «La muerte del autor»[4] , de Roland Barthes (1968), y en la conferencia-debate «¿Qué es un autor?»[5] , sostenida en 1969 en el Collège de France por Michel Foucault. Leídas desde de estos planteos teóricos, es posible descifrar el modo en que «El otro» y *La Divina Mimesis* dan cuenta, a partir de un mismo

---

triunfado en la escritura marginal». Cfr. «¿Cómo Borges fue Borges?», publicado en el diario Clarín de Buenos Aires en junio de 1996.

[4] Incluido ahora en *El susurro del lenguaje*, Paidós, Barcelona, 1987.

[5] Incluido ahora en *Escritos de literatura*, Paidós, Barcelona, 1999.

recurso, el desdoblamiento y, al mismo tiempo, del agotamiento de la noción *moderna* de autor.

2.   El relato «El otro» forma parte de una colección tardía en la producción borgeana: es el primer relato de *El libro de arena*[6] . En principio, el cuento puede ser leído como puesta en funcionamiento de uno de los mecanismos clásicos de la literatura fantástica: el doble como modo de realización formal del sujeto moderno dividido o alienado[7]. Se trata, en definitiva, de un elemento constitutivo de la maquinaria retórica de un género que, como afirma R. Jackson, se asocia típicamente con la modernidad[8].

Según el prólogo de Borges a los relatos de Papini publicados en el marco de su mediática «Biblioteca personal», «El otro» habría sido escrito en Cambridge hacia 1969[9]; por su lado, de acuerdo con los datos que surgen de la lectura del propio texto, «El otro» habría sido redactado en 1972. En todo caso, se trata de un relato donde las marcas temporales aparecen desdobladas, en la tradición del relato fantástico clásico que, en el caso específico de la literatura rioplatense, se puede asociar con relatos como «El acomodador», del uruguayo Felisberto Hernández, o con la novela *62. Modelo para armar* del argentino Julio Cortázar. En «El otro»,

---

[6] Emecé, Buenos Aires, 1975. Citamos por la edición de 1986.

[7] Cfr. al respecto Remo Ceserani, *Il fantastico*, Il mulino, Bolonia, 1996.

[8] *Fantasy. The literature of subversion.* Routledge, Londres y Nueva York, 1986. El desdoblamiento como recurso típicamente moderno aparece ya en *Petróleo*, en el Apunte 42: «este poema no es un poema sobre la disociación, contrariamente a la apariencia. La disociación no es sino un motivo convencional (y es un gran homenaje a la gran narrativa burguesa instaurada con Cervantes). Al contrario, este poema es el poema de la obsesión de la identidad y, al mismo tiempo, de su fragmentación» (*Petrolio*, Einaudi, Turín, 1992, p. 181; las traducciones del italiano al castellano de este texto son, en todos los casos, nuestras).

[9] Agradezco a Mateo Niro, quien recientemente me ha recordado este dato.

por un lado, se plantea al comienzo del relato un momento de la enunciación, *ahora en 1972*, cuando el Borges narrador enuncia -escribe- el relato. Por otro lado, hay una marca temporal, 1969, que funciona como indicación del tiempo de la enunciación. Sin embargo, ese tiempo de la enunciación aparece desdoblado. En efecto, el episodio a partir del cual se desencadena la narración, el encuentro del personaje- narrador (¿autor?) Borges con «El otro» implica el desdoblamiento de la instancia temporal: el tiempo del enunciado es 1969, pero es también la temporalidad del otro, un año no precisado de la década del 10[10]. Si el episodio es, en todo relato, una instancia de especificación espacio temporal –como *heterotopía y heterocronía*–[11], éste se presenta en el relato de Borges problematizada a partir de un desdoblamiento que se despliega a lo largo de la instancia enunciativa personal, espacial y temporal (el yo, el aquí, el ahora). En resumen, el desdoblamiento del sujeto que se narra en un otro implica, al mismo tiempo, la aparición de una serie de pliegues que complejizan, al nivel del enunciado –las categorías de espacio y de tiempo– que no constituye una superficie lisa, sino un texto *a estratos* temporales y espaciales.

La Divina Mimesis[12] es, por su parte, el último texto que Pasolini llegó a publicar en vida. Se trata de un texto que funciona como paradigma de la producción del último Pasolini: un texto que adopta la forma de una obra-proyecto, como el film *Apuntes para una Orestíada africana* o el mismo *Petróleo*. Es, en todo caso, un texto que elude ser leído como una obra, que hace de la disociación el elemento constitutivo y, de acuerdo con la poética del Pasolini tardío, un elemento de ilegibilidad.

---

[10] Dato que, es importante notar, sólo se repone a partir de los datos biográficos de Borges, quien vivió en Ginebra durante su adolescencia, donde cumplió con sus estudios secundarios.

[11] Cfr. Nicolás Rosa, *El arte del olvido*, Puntosur, Buenos Aires, 1990.

[12] *Einaudi*, Turín, 1975. Citamos por la edición de 1993.

La Divina Mimesis trabaja la heterogeneidad en varios planos. A nivel enunciativo, el sujeto se articula en cinco posiciones que se corresponden con cinco posiciones de género:

1)	En primer lugar, hay un primer «relato», compuesto por las cinco primeras partes del libro (dos cantos y tres apuntes) y la última (un apunte) en las que el sujeto enunciativo se llama a sí mismo «Pasolini». Como en el caso del relato de Borges, nos encontramos ante un narrador que aparece «contaminado», también, con el autor empírico.

2)	Por otro lado, en el caso de las dos notas, que ocupan la quinta y la sexta partes del texto, un enunciador que adopta una actitud enunciativa «Teórica», que interviene en el texto explicitando algunos de los elementos de su poética y que cita parte de la «obra» ya publicada (las «Nuevas cuestiones lingüísticas», incluidas en *Empirismo herético*). En todo caso, nos hallamos ante un enunciador diferenciado del anterior básicamente por su actitud enunciativa prevista por el género «nota al pie» o «nota erudita».

3)	Hay un tercer enunciador, el curador de «Para una nota del editor», que aparece como una voz claramente diferenciada y que enuncia un programa de poética como un trabajo de cura, disposición y presentación de materiales preelaborados por el enunciador Pasolini desdoblado, «asesinado a bastonazos, en Palermo, el año pasado»[13].

4)	Existe un enunciador que opera por selección y corte de imágenes, como la poética «filológica» sostenida por el enunciador del punto anterior: se trata del enunciador de la «Iconografía amarillenta», un enunciador que se enuncia a sí mismo como un otro (en la foto que lleva el epígrafe «El autor y

---

[13] Referencia al segundo encuentro del neovanguardista *Gruppo 63*, integrado entre otros por Edoardo Sanguineti, Elio Pagliarani, Renato Barilli y Umberto Eco, efectuado en la ciudad de Palermo (Sicilia).

Gadda»), de la misma manera en que lo hace cuando se narra a sí mismo en el cuerpo de los cantos de la *Mimesis*.

5)   Un último enunciador es el que enuncia el *Pequeño fragmento extravagante* con el que se cierra el texto: un fragmento extraído y «recortado» de un texto crítico de Pasolini sobre Gianfranco Contini.

Hay varios elementos de la poética de *La Divina Mimesis* que muestran un aire de familia con la poética borgeana, que durante los años 60 se difunde en Italia en escritos como los que integran el primer *Diario mínimo* de Umberto Eco. En efecto, *La Divina Mimesis* plantea la pregunta por la dilatación de la función autoral. «Anzi che allargarti, ti dilaterai» («Más que ensancharte, te dilatarás»), advierte el Pasolini-otro al Pasolini-narrador[14]. En este sentido, el dilema que se plantea en *La Divina Mimesis* es una pregunta análoga a la que atraviesa la obra borgeana y que se formula de manera explícita en «Tlön, Uqbar, Orbis Tertius», cuando se afirma allí que en ese mundo la «metafísica» forma parte de la «literatura fantástica»: la pregunta no tanto por los límites y por la especificidad de la literatura, sino la pregunta por el lugar de la literatura en un mundo en el que la esfera estética ya no existe como tal, es decir, como esfera autónoma y separada[15], una pregunta que el arte moderno, desde el Romanticismo, no ha dejado de plantearse.

---

[14] *Allargamento* es el término que Pasolini utiliza en un artículo crítico sobre Dante, escrito bajo el fuerte influjo de las tesis de Contini: «El ensanchamiento [*allargamento*] lingüístico de Dante, debido al desplazamiento de su punto de vista hacia lo lato, no es sólo un ensanchamiento del horizonte lexical o expresivo, sino, al mismo tiempo, también del social», («La volontà di Dante a essere poeta» [1965], en *Empirismo Eretico*, Garzanti, Milán, 1972, p. 123; hay traducción castellana reciente de Esteban Nicotra: *Empirismo herético*, Brujas, Córdoba, 2005).

[15] Cfr. al respecto los planteos de P. Bürger, *Teoría de la vanguardia*, Península, Madrid, 1987 y R. Berman, Modern *Culture and Critical Theory*, Wisconsin U.P. 1989.

Por otro lado, *La Divina Mimesis* se presenta como un texto que pone en crisis la idea de una separación tajante entre géneros literarios y géneros de la crítica o géneros, para usar la expresión de Genette, metatextuales[16]. En efecto, así como ciertos relatos borgeanos clásicos como «Pierre Menard, autor del *Quijote*» o «Exa- men de la obra de Herbert Quain» se presentan como ejercicios de lectura de obras o autores inexistentes, o así como «Tlön» es la descripción de un mundo a partir de la representación que de él puede surgir de un tomo inexistente de una enciclopedia, *La Divina Mimesis* se presenta como una apócrifa obra póstuma incumplida, como un falso trabajo de edición textual, como un falso ejercicio filológico. Al mismo tiempo, *La Divina Mimesis* se acerca a la poética borgeana en la medida en que se presenta como un texto pro- ducto de una poética del fragmento y de la brevedad en la que la idea de una totalidad orgánica es puesta en crisis.

En Borges la categoría de obra orgánica se disgrega en tanto desaparece del horizonte de escritura la noción de un estilo asociado a una individualidad y a una irrepetibilidad. De esta manera, la obra de Borges ha sido leída como el ejemplo de escritura trans- textual por excelencia[17] en que la obra se disgrega hasta coincidir con el infinito. En consecuencia, toda escritura es, en última instancia, un ejercicio de reescritura de algo que ya ha sido escrito en otra parte y en otro tiempo. Su poética, en este sentido, puede resumirse en la frase con la que concluye un ensayo de 1951: la literatura como la entonación de unas pocas metáforas. *La Divina Mimesis* se presenta, a su vez, como un ejercicio de reescritura del texto considerado como la iniciación de la literatura italiana: *Divina Comedia*. La elección de la *Comedia* no es por supuesto gratuita. Para Pasolini, a través, sobre todo, de la

---

[16] G. Genette, *Palimpsestos. La literatura como segundo grado*, Taurus, Madrid, 1992.

[17] Ejemplo de ello es la presencia exagerada de Borges en el libro apenas citado de Genette.

mediación crítica de Gianfranco Contini[18], Dante supone un momento de pluralidad de estilos, de mezcla, de heterogeneidad estilística (contrapuesto a la homogeneidad de Petrarca y la tradición petrarquesca). En resumen, en palabras del propio Pasolini, Dante como descubridor no de *la* lengua, sino de *las* lenguas[19].

Es justamente a partir de Contini –nos referimos, fundamentalmente, a su artículo «Dante come personaggio-poeta della *Commedia*», de 1957[20]– que se replantea en el campo de la crítica la modernidad de la Comedia como poema en el que el yo se escribe a sí mismo y que, en más de un sentido, puede leerse en relación con uno de los paradigmas de la modernidad literaria: la *Recherche* proustiana. Así, como la *Recherche*, la *Comedia* es un texto en el que el yo se escribe como tal, un texto en el que se narra, ante todo, la historia de una escritura, la historia de la constitución de una subjetividad literaria: Dante y Proust, en pocas palabras, como escritores autobiográficos. Al mismo tiempo, para Contini, es ese carácter autobiográfico el que está en la base del desdoblamiento que se produce tanto en la Comedia como en la Recherche. En efecto, si en la Comedia se produce una oscilación entre el «yo» autobiográfico de Dante (que se corresponde con el «sentido histórico» del poema) y el «yo» universal (que se corresponde, a su vez, con el «sentido espiritual» y alegórico), en

---

[18] Sin duda, el más grande de los críticos e historiadores de la literatura italianos del siglo XX. Editor de la poesía del siglo XIII y de Petrarca, Contini fue también un atengo lector de la literatura del siglo XX que le era contemporánea, desde Thomas Mann y Proust hasta Montale y Gadda. Fue el primero en reconocer el valor de la poesía de Pasolini a partir de la reseña de las *Poesías a Casarsa* publicada, como consecuencia de la censura fascista, en un diario de Lugano (Suiza). En su epistolario, al que nos referiremos en el Apéndice I, Pasolini alude a la relación con Contini con una bella expresión extraída de la poesía de los trovadores provenzales: *Amor de loinh* (es decir, «amor desde lejos»), que utiliza también en su dedicatoria a la compilación de poemas en friulano *La mejor juventud*.

[19] «La volontà di Dante...», ed. cit., p. 194.

[20] Ahora en Un'idea di Dante, Einaudi, Turín, 1970.

la *Recherche* el «yo» aparece como el sujeto de una «ilimitada experiencia histórica» y como «sujeto trascendental de toda aventura vital y cognoscitiva».

En *La Divina Mimesis* esta oscilación entre un «yo» general y un «yo» histórico se realiza formalmente en el desdoblamiento del yo del narrador personaje Pasolini. En el proyecto de *La Divina Mimesis*, el rol de Dante iba a ser ocupado, en principio, por una prostituta de los suburbios de Roma[21]. Sin embargo, ese proyecto de una *Comedia* en femenino y plebeya, se configura finalmente como el proyecto incumplido de una narración en primera persona, que en muchos aspectos podemos comparar con la narración en primera persona del relato borgeano. En efecto, tanto en «El otro» como en *La Divina Mimesis* se pone en juego la autobiografía como discurso que plantea la problemática general de todo acto enunciativo: el problema del yo se inscribe –escribe– como otro.

3.   Decir *yo* supone poner en funcionamiento el aparato formal de la enunciación, es decir, supone la puesta en marcha del discurso: en términos de Benveniste, la apropiación del sistema de la lengua y el acto por el que el sujeto se funda como tal[22]. El «yo» de la escritura autobiográfica es producto de la tensión entre el «yo autónomo (yo literario, yo narrador, yo personaje) y el yo escriturario que se ausenta» (Rosa). El sintagma «El otro», en el caso de Borges, evoca el comienzo de una breve prosa incluida en el libro *El hacedor*: «Borges y yo».

Ya desde el título, se plantea en esta prosa el problema auto- biográfico del yo que se escribe como otro:

---

[21] Para la historia del texto, ver la introducción de W. Siti a la edición de 1993.

[22] E. Benveniste, «El aparato formal de la enunciación», en *Problemas de lingüística general*, Fondo de Cultura Económica, México, 1982

Al otro, a Borges, es a quien le suceden las cosas. Yo ca- mino por Buenos Aires y me demoro, acaso ya mecánica- mente, para mirar el arco de un zaguán y la puerta cancel; de Borges tengo noticias por el correo y veo su nombre en una terna de profesores o en un diccionario biográfico (...). Nada me cuesta confesar que ha logrado ciertas páginas válidas, pero esas páginas no me pueden salvar, quizá por- que lo bueno ya no es de nadie, ni siquiera del otro, sino del lenguaje o la tradición (…). Hace años yo traté de librarme de él [Borges] y pasé de las mitologías del arrabal a los juegos con el tiempo y con el infinito, pero esos juegos son de Borges ahora y tendré que idear otras cosas. Así mi vida es una fuga y todo lo pierdo y todo es del olvido, o del otro.

No sé cuál de los dos escribe esta página[23].

De hecho, la prosa puede leerse como un lugar de condensación del problema teórico del autor a partir de una aplicación a sí mismo del género «retrato» que, en las numerosas reseñas que Borges publica a partir de los años 30 en medios de difusión masiva como el diario *Crítica*, ocupa un lugar fundamental como punto de ruptura con la crítica que explicaba la obra en función de la vida.

La brevedad de estos textos es una crítica, en estado práctico, al biografismo, extenso y confiado en la construcción referencial, de la época en que Borges los escribía. Pero, al mismo tiempo, presentan una idea que es también de época: la "vida" del escritor es ineludible en el momento de presentación de los textos. No obstante, esa vida (cuando la escribe Borges) no explica los textos, ni éstos la iluminan particularmente. La vida es puesta como una superficie fragmentada en hechos no especialmente significativos o didácticos, toques breves con

---

[23] J. L. Borges, «Borges y yo», en *El hacedor*, Emecé, Buenos Aires, 1960, pp. 50-1.

puntos en los que se puede reconocer un diseño que, por otra parte, no está gobernado por una causalidad fuerte[24].

En «Borges y yo» aparece, en efecto, no sólo la cuestión de la otredad y de la objetivación que produce todo acto de escritura – esto es, se prefigura la teorización de la escritura como lugar del que el autor se *ausenta* en un campo que es el del otro, o el del Otro– sino que se plantea también la cuestión del estatuto del nombre propio como instancia, en términos de Foucault, que se instala fuera del campo de la ficción de la obra, o que pone en crisis justa- mente la categoría de ficción.

En el fragmento de Borges el nombre propio no funciona como marca de individuación, sino como marca de ausentamiento de la voz autoral. En efecto, mientras el lugar de la voz narrativa aparece marcado con el deíctico «yo» –es, en definitiva, un lugar «vacío» (según Benveniste) que se construye en el acto enunciativo mismo–, el nombre propio hace referencia a formas de desubjetivización de la literatura: la institución universitaria, la industria editorial, la enciclopedia.

4.   «Borges y yo» plantea, asimismo, la búsqueda del *estilo*, la búsqueda de la *voz propia*, como marca de distinción. La lógica de producción del arte modernista como superación permanente de lo nuevo, que determina, en su propio renovarse, las elecciones –de tono, de materiales– del autor. Es la búsqueda de una voz propia, de un «estilo», lo que predomina, también, en el Pasolini de los versos friulanos y en el «piccolo poeta civile» de los '50. La escritura del poeta Pasolini, del «poeta civil» que asume el rol de Virgilio de *La Divina Mimesis*, se juega en un campo extendido entre la vitalidad de las culturas populares, el gramscismo y la experiencia del primer modernismo –sobre todo

---

[24] B. Sarlo, «Borges: crítica y teoría cultural», Ponencia presentada en el coloquio sobre Borges, Universidad de Leipzig, 1996. Hay versión *on line*.

de Rimbaud[25]. No es casual, entonces, que en *La Divina Mimesis* sea Rimbaud –con Gramsci– el que, en el primer canto, se presenta como posible guía del narrador Pasolini y el que asume, sin mediaciones, el rol del joven Pasolini –el que se identifica, en consecuencia, con el joven Pasolini– en los apuntes para el IV canto, donde se hace referencia a la carta a Paul Demeny, o sea la *Carta a la vidente* en el que se encuentra la formulación más eficaz del problema de la enunciación literaria: *JE est un autre*. En la medida en que el yo se escribe como otro, tanto «El otro» como *La Divina Mimesis* problematizan la relación entre memoria y escritura, entendida esta última como instancia de preservación de una memoria que de lo contrario huye, pero al mismo tiempo como mecanismo que hace de una determinada experiencia algo del orden de lo irrecuperable, algo del orden del otro. En el caso de Borges, se piensa a la escritura no sólo como lugar de condensación o de materialización de la memoria, sino como conjura de la memoria:

> No lo escribí inmediatamente porque mi primer propósito fue olvidarlo, para no perder la razón. Ahora, en 1972, pienso que si lo escribo, los otros lo leerán como un cuento y con los años, lo será tal vez para mí[26].

La escritura se configura como lugar en el que la memoria se extravía, como práctica de desubjetivización, de ficcionalización de lo biográfico, y como estrategia que permite activar, y no anular, el olvido.

En el caso de Pasolini, la escritura aparece como una serie de planos, de *estratos* superpuestos, en la que el pasado no se borra sino que permanece como algo del orden de lo irreductible. En efecto, hay en este escrito de Pasolini, en la Nota 1, una

---

[25] C. Benedetti, op. cit., p. 30.
[26] J. L. Borges, *El libro de Arena*, ed. cit., p. 179.

18

declaración explícita de poética que relaciona, como en Borges, escritura y memoria, aunque no, como en el caso de «El otro», entendidas como espacio de la anulación del sujeto a través de un aparato de lectura que *altera* el texto incluyéndolo en un campo literario en el que se pierde la referencia biográfica, sino como un texto topológico, como un texto que asume una forma espacial por estratos, en el que lo viejo y lo nuevo conviven contaminándose, en el que la forma–proyecto funciona como instancia de multiplicación, de heterogenización, de las escrituras, de los estilos.

> El libro debe ser escrito a estratos, cada nueva versión debe ser en forma de nota, datada, de modo que el libro se presente casi como un diario (…). El libro debe presentarse también como una estratificación cronológica, un proceso formal viviente: donde una nueva idea no cancele la precedente, sino que la corrija, o incluso hasta la deja inalterada, conservándola formalmente como documento de pasaje del pensamiento[27].

De esta manera, en *La Divina Mimesis* se realiza, a partir de un aparato enunciativo que se presenta como un aparato múltiple que descentra permanentemente la voz enunciativa y que trabaja en el orden de la pluralidad estilística y genérica, la idea de que la muerte del autor supone la prevalencia de una idea de texto como espacio en el que se conjugan o se oponen variadas escrituras, ninguna de las cuales es original: el texto como un tejido de citas del que habla Barthes en «La muerte del autor».

Multiplicidad de la memoria, multiplicidad topológica, multiplicidad o despliegue del sujeto que enuncia: son todos procesos que funcionan, en *La Divina Mimesis*, al unísono.

---

[27] *La Divina Mimesis*, ed. cit., p. 57.

5.   En *Petróleo*, el desdoblamiento aparece caracterizado como un elemento de ilegibilidad. Se trata de una ilegibilidad que se asocia con el género novela. De hecho, en ese mismo fragmento, *Petróleo* es llamado «poema», un término que en italiano tiene un alcance mucho más limitado que en castellano, aplicable no al ámbito de la poesía lírica en general sino al de los grandes poemas narrativos, como la *Comedia*, el *Orlando Furioso* de Ariosto o la *Jerusalén liberada* de Tasso.

En un ensayo de 1949, Borges, siguiendo la tesis de Benedetto Croce, define la novela como un género que apela a lo particular, un género en el que lo alegórico aparece como un elemento subordinado a la construcción de la individualidad del personaje[28]. Walter Siti, curador de la publicación de la obra completa de Pasolini en los clásicos *Meridiani* de Mondadori, ha subrayado, que la imposibilidad de construcción del personaje (en favor del tipo, es decir, en favor de una categoría que remite a un estadio premoderno de la literatura) constituye uno de los aspectos que definen a Pasolini como escritor no-novelesco[29]. Se trata, en todo caso, de un procedimiento que tiende a borrar el estatuto psicológico del sujeto como unidad autónoma y cerrada en sí misma: ya no se trata, ni en Borges ni en Pasolini, de textos en los que se desarrolla una cierta subjetividad, sino de máquinas de descentramiento y de proliferación del sujeto en el texto, una proliferación que pone en cuestión la idea misma de literatura como espacio cerrado y puramente convencional: una proliferación enunciativa que tiende no a aislar el objeto literario en un juego de autores y de lectores implícitos, sino de cuestionar los propios límites entre lo literario y lo no literario, entre lo subjetivo y lo no subjetivo, entre géneros altos y géneros bajos, entre textos y metatextos.

---

[28] «De las alegorías a la novela» [1949], en *Otras inquisiciones*, Emecé, Buenos Aires, 1960.

[29] W. Siti, «Descrivere, narrare, esporsi», en P. P. Pasolini, *Romanzi e racconti.Volume primo 1946-1961*, Mondadori, Milán, 1998.

En resumen, la identidad no se funde con la individualidad, sino con la serie, que asume en ambos textos la forma de la *filiación*, paterna y literaria. El desdoblamiento del enunciador plantea, tanto en «El otro» como en *La Divina Mimesis,* el problema de la filiación del texto, el problema de la paternidad textual o, si se quiere, el problema del *origen*. En ambos casos, se trata de un encuentro con una imagen anterior de sí mismo que funciona, al mismo tiempo, como una instancia de paternidad. En este sentido, la semejanza funciona como un mecanismo de filiación, como un mecanismo que permite materializar el engendramiento del texto:

> Yo, que no he sido padre, sentí por ese pobre muchacho, más íntimo que un hijo de mi carne, una oleada de amor[30].

La paternidad, el autoengedramiento, la autofiliación. De alguna manera, se juega en estos términos uno de los puntos definitorios de la poética borgeana: en efecto, la obra de Borges ha sido leída como una celebración de la autorreferencialidad. El espejo con el que se inicia la narración de «Tlön», se pone en funciona- miento, en «El otro», a partir de la relación –especular– de semejanza, de la relación de paternidad, entre el Borges de 1969 y el de los años 10. En el principio del relato, entonces, no hay sino un espejo («Tlön») o una relación especular («El otro»): en todo caso, se trata de una operación que pone en primer plano no el lugar del arte como un reflejo de lo real, sino como el reflejo de un espejo: en otras palabras, como su reproducción, como su simulacro.

En el «Canto I» de *La Divina Mimesis* leemos:

> Repite al infinito la palabra sexo: al final, ¿qué sentido tendrá? Sexo, sexo, sexo, sexo, sexo, sexo, sexo, sexo, sexo, sexo, sexo, sexo, sexo, sexo, sexo. El mundo se transforma en objeto de

---

[30] «El otro», ed. cit., pp. 14-5.

deseo de sexo, ya no es más mundo, sino lugar de un único sentimiento. Este sentimiento se repite, y con él se repite el mundo, hasta que acumulándose se anula… Del mundo resta tan sólo la proyección milagrosa[31].

La repetición se liga con el agotamiento, con la unificación en un deseo único que termina anulándose. Estamos ante un elemento, la repetición, cuya valencia es múltiple: un rasgo poético, un modo de pensar el agotamiento del sujeto, un modo de percibir el lugar del arte en el seno de lo social.

La repetición permite leer en «El otro» y en *La Divina Mimesis* el cruce de la serie literaria y la serie social. La reproducción, la repetición, se plantea en ambos textos como un elemento constitutivo de la poética: en el caso de «El otro», el relato se presenta como la reproducción de un encuentro, en el que el hecho vivido por el personaje narrador se configura a su vez como la reiteración del sueño del joven Borges, del Borges desdoblado. A su vez, el reconocimiento del otro se da a través de la reproducción de un «estilo criollo» que imita –es decir, intenta reproducir– el modo de cantar de Elías Regules. Se trata, en este último caso, de una referencia al joven Borges, al Borges criollista, que en los años 20, a partir de su primer poemario (*Fervor de Buenos Aires*), pone en funcionamiento una «política de la escritura» del castellano rioplatense como estrategia de diferenciación de la tradición «alta» del modernismo y de la canonización de la gauchesca en Lugones y Rojas[32].

Es justamente a partir de la repetición de un verso de Hugo que se produce, en «El otro», la unificación del Borges narrador y del Borges-otro. Otra vez: la identidad no es algo del

---

[31] *La Divina Mimesis*, ed. cit., p. 18.
[32] B. Sarlo, *Borges, un escritor en las orillas*, Ariel, Buenos Aires, 1995, y «Borges: crítica y teoría cultural», ed. cit.

ámbito de lo estrictamente individual, sino algo que involucra a la serie, de la repetición.

A su vez, en el discurso en el que el narrador-Borges narra elementos de su propia historia, es decir, de la historia del autor Borges (las relaciones familiares, las preferencias literarias, etc.), la narración de hechos históricos aparece signada también por una verdadera compulsión de repetición:

> En lo que se refiere a la historia... Hubo otra guerra, casi entre los mismos antagonistas. Francia no tardó en capitular; Inglaterra y América libraron contra un dictador alemán, que se llamaba Hitler, la cíclica batalla de Waterloo. Buenos Aires, hacia mil novecientos cuarenta y seis, engendró otro Rosas, bastante parecido a nuestro pariente. El cincuenta y cinco, la provincia de Córdoba nos salvó, como antes Entre Ríos[33].

6.   En Pasolini, como en Borges, se plantea en los años 60 una polémica contra el realismo, polémica de la que surgen los textos teóricos sobre cine recogidos en la tercera parte de *Empirismo herético*. Para el Pasolini de «La lengua escrita de la realidad» lo real ambiguo teorizado por André Bazin en su ontología de la imagen fílmica es, en todo caso, un entramado sígnico, un libro mallarmeano que se despliega por la totalidad de lo real[34]. En este sentido, la problemática que plantea Pasolini es la misma que atraviesa la en- tera obra borgeana: la relación entre lenguaje y mundo. En Borges, como hemos visto, el relato se pone en funcionamiento a partir de una relación especular, que funciona no sólo como «metáfora de la producción de la subjetividad»[35], sino también como metáfora de la producción del relato mismo y

---

[33] «El otro», ed. cit., p. 14.

[34] En el que Barthes lee el primer gran indicio de la muerte del autor.

[35] Son términos de R. Jackson, quien retoma a su vez la noción de «estadio del espejo» de J. Lacan.

como una metáfora de la producción serializada de la industria de la cultura[36]. En última instancia, se construye a partir del espejo un entramado textual en el que no hay un afuera del texto, o en el que todo es texto, o en el que cada texto no puede sino reflejarse y diseminarse a través de un laberinto de espejos. En Pasolini, como en Borges, el arte en general (en efecto, las referencias de los artículos de Pasolini son sobre todo cinematográficas) no funcionan como un reflejo de lo real, sino como su reproducción: se trata de una iconización absoluta del mundo, de un universo –como el universo borgeano– absolutamente sígnico.

Es esta concepción extrema del lenguaje la que descentra el discurso autobiográfico, que se funda en la ficción del sujeto como origen del sentido. En palabras de Nicolás Rosa, «la autobiografía es aquella escritura que funda su propio linaje o que disimula creer que el linaje textual comienza con ella»[37].

Es este discurso fundativo el que se pone en crisis en textos como *La Divina Mimesis* o «El otro». En el principio del texto, en el principio de la narración autobiográfica, no hay origen, sino re- petición. No se trata, en consecuencia, de autobiografías, sino de textos que asumen un discurso autobiográfico en la forma del proyecto literario (Pasolini) y del relato fantástico (Borges). En otras palabras, se trata de textos que literaturalizan y ponen en cuestión el estatuto del sujeto que enuncia como origen y garantía del sentido.

La Divina Mimesis permite leer el problema de la relación entre el acto de escritura y el engendramiento del texto: se escribe a partir de la reiteración de un texto ya escrito, como relación intertextual que desarticula la noción de obra como unicidad, como clausura, como completud. Sin embargo –a diferencia, por ejemplo, del *Quijote* de Pierre Menard del que el enunciador

---

[36] Sobre esta idea han insistido U. Eco, en el prólogo a *Apocalípticos e integrados*, Lumen, Barcelona, 1984, y Daniel Link, «Borges, él mismo», en *Cómo se lee y otras intervenciones críticas*, Norma, Buenos Aires, 2003

[37] N. Rosa, op. cit., p. 67.

despliega, para ilustración del lector, algunos fragmentos– en *La Divina mímesis* no quedan sino fragmentos. En este sentido, lo más parecido al texto fragmentado y discontinuo de Pasolini es el mapa borgeano del imperio[38] : un mapa monstruoso, que se propone ser tan fiel a lo real que ocupa la misma extensión del imperio, y que resulta, por esa misma extensión, inútil. La escritura, en el último Pasolini, se presenta como un proyecto no acabado, o, en términos de Blanchot, como proyecto interminable.

En este sentido, la *Recherche* no funciona sólo como el paradigma moderno de desdoblamiento del yo narrativo (Contini), sino como texto en el que se narra –en la tradición del *Bildungsroman*– un *proyecto* de carrera literaria, un *proyecto* de obra (en el que el yo no es aquel que ha escrito, dice Barthes, sino aquel que está a punto de escribir). En un punto, la escritura de Pasolini funciona como una sinécdoque de la producción literaria en un contexto de estetización del conjunto de lo social: una escritura que no puede sino permanecer en el campo del proyecto. O que sólo funciona en la medida en que no se cumple nunca como obra, en el que permanece como texto movilizado y rearmado en cada lectura, como texto en el que a la muerte del autor corresponde –como en el Barthes de «La muerte del autor»– al nacimiento del lector.

7.   En el primer Pasolini, el desdoblamiento aparece recurrentemente bajo la forma del mito de Narciso. En varios de los poemas de *Poesías a Casarsa* se plantea la cuestión del espejo que, a partir del mito de Narciso, se pone en relación con la muerte, con el niño muerto:

Jo ti recuardi, Narcís, ti vèvis il colòur

de la sera, quand li ciampanis

---

[38] J. L. Borges, «Del rigor de la ciencia», en *El hacedor*, ed. Cit.

a súnin di muàrt[39].

Narciso, el personaje espejado, acuático, eminentemente dual e *imaginario*, es una de las presencias más fuertes en la poesía del joven Pasolini, tanto en su producción en friulano como en los versos italianos. Es en el Narciso donde se articula el cruce entre la exploración de una lengua que, como la de los trovadores provenzales de la Edad Media, fuera al mismo tiempo histórica e imaginaria, y una de las elaboraciones románicas marginales que se ligan imaginariamente con el poeta del Friuli: la poesía del García Lorca del *Poema del cante jondo* y el *Romancero Gitano*.

En *La Divina Mimesis* el joven Pasolini es visto como un narcisista, como un extravagante dandi de provincia. El desdoblamiento, como en los poemas juveniles, se presenta en relación con el problema de la muerte. En efecto, en el relato de su propia composición que es el más fuerte de los contenidos narrativos de *La Divina Mimesis*, leemos la historia de una enunciación que no acaba, sino que se interrumpe con la muerte del autor.

En el texto a estratos de Pasolini el yo se plantea como una sobrevivencia del pasado. Se trata de un concepto que se reitera a lo largo de los escritos de Pasolini y que debe ser leído en términos de una intervención en el campo literario cuando las posiciones de la Neovanguardia de los 60 mostraban sus propias limitaciones. En este sentido, *La Divina Mimesis* actúa como un elemento de sepa- ración entre la poética neovanguardista, que podemos resumir como una poética ligada con la idea rectora de innovación y de experimentación, y la idea pasoliniana –y borgeana– de literatura como agotamiento de la novedad. En todo caso, los procedimientos textuales que se ponen en

---

[39] «Il nini muart» (El niño muerto), en *La nuova gioventú. Poesie friulane 1941-1974*, Einaudi, Turín, 2002, p. 8. Trad: «Yo te recuerdo, Narciso, tú tenías el color de la tarde cuando las campanas tocan con sonido de muerto».

funcionamiento en *La Divina Mimesis*, centralmente el montaje, aparecen como procedimientos hiperconnotados, como procedimientos automatizados en el seno de la tradición modernista[40].

El proyecto de La Divina Mimesis es la puesta en marcha del texto como campo de tensiones entre lo verbal y lo icónico, entre diversos registros estilísticos y de género, de la contaminación entre el lenguaje poético, el lenguaje fotográfico, el lenguaje fotográfico o el «lenguaje mismo de la acción de Pasolini», como afirma uno de sus amigos de su etapa juvenil en el Friuli: G. Zagaina[41].

Lenguaje de la acción entendido como un modo de escritura en un espacio literario devenido espacio ilimitado: una *haecceitas* en el paisaje de Babel[42]. Un choque entre una esfera estética en la que el proyecto moderno se encarna políticamente, extremadamente, en la realización de la obra de arte total autoritaria[43], y un yo autoral escindido desfasado que opera, en un contexto de estetización absoluta de lo social y lo político, como una «fuerza del pasado»[44].

---

[40] Para una descripción del montaje como mecanismo típico de la vanguardia, cfr. P. Bürger, *Teoría de la vanguardia*, ed. cit.

[41] G. Zagaina. Ostia. *Trilogia della morte di Pier Paolo Pasolini*, Marsilio, Venecia, 1995, p. 29.

[42] Para el uso en el ámbito de la «poética» del concepto de haecceitas, remitimos
a T. Negri, *Arte y multitudo. Ocho cartas*, Trotta, Madrid, 1999. Cfr. «Desvío y multitud: políticas de lo epistolar», en este volumen.

[43] En efecto, en «Apuntes y fragmentos para el canto IV» Hitler aparece como la realización política del proyecto artístico modernista, lo cual parece presagiar algunas de las agudas afirmaciones de Ph. Lacoue-Labarthe en *La finzione del politico*, Il melangolo, Génova, 1991.

[44] «Io sono una forza del passato / Solo nella tradizione è il mio amore / Vengo dai ruderi, dalle chiese / abbandonate sugli Appennini o le Prealpi / dove sono vissuti i fratelli», en *Poesia in forma di rosa*, Milán, Garzanti, 1964, p. 24. Trad: «Yo soy una fuerza del pasado / Sólo en la tradición está mi amor / Vengo de las ruinas, de las iglesias /

Es, en última instancia, el agotamiento de la idea moderna de la literatura como puesta en juego de un estilo diferenciador, relacionado con un *étimo espiritual*. Al contrario, *la Divina mimesis* se presenta como un artefacto literario irreductible a una voz, a una peculiaridad lingüística, a un estilo.

8.   Es un lugar común de la crítica leer en Borges un precursor de la teoría literaria, sobre todo de las variantes postestructuralistas que surgen a partir de los planteos del grupo parisino de Tel Quel[45]. En general, se lee en la obra de Borges el anuncio de una nueva era de la literatura, entendida como juego formal autónomo, como una infinita cadena de referencias internas, como un aparato autorreferencial e intertextual. En este trabajo, proponemos dar un paso más y leer en la obra de Borges una serie de percepciones de un mundo que, por comodidad, podemos llamar postmoderno, rizomático, unificado por el mercado y de lo que se ha denominado el «modo de producción postfordista». En efecto, se trata de un modo de producción que privilegia el texto virtual, la infinitud. Un mundo atrozmente análogo al libro de arena borgeano. Sin embargo, en «El otro» permanece una concepción del sujeto que no es sólo anacrónica, sino que es el modo en que la ideología, según enseña Althusser, concibe al sujeto: la idea del sujeto como individuo, ese mismo individuo que en «Tlön» se desdibuja en favor de la idea de libro universal y de anonimato:

En los hábitos literarios también es todopoderosa la idea de un sujeto único. Es raro que los libros estén firmados. No existe el

---

abandonadas en los Apeninos o en los Prealpes / donde han vivido los hermanos».

[45] Cfr, entre otros, A. Del Toro, *El siglo de Borges. El discurso postmoderno y postcolonialista en Borges*, Universidad de Leipzig. Hay versión on line: *www.uni-leipzig.de/de toro/siglodeborges*

concepto de plagio: se ha establecido que todas las obras son de un solo autor, que es atemporal y anónimo[46].

La radicalidad de la literatura borgeana se enraiza en la capacidad para pensar el estallido de la esfera literaria y de las distancias modernas entre alto y bajo, entre literatura y no literatura, en términos de una esfera en expansión continua. En otras palabras, en la capacidad de leer la unificación del mercado –no sólo cultural– en términos de una esfera que, como la de Pascal, tiene el centro en todas las partes[47], o en términos de una biblioteca de babel rizomática que coincide, como el libro de Mallarmè, con el mundo. Un capital universalizado que coincide con el lenguaje.

El mundo de «Tlön» y el mundo de *La Divina Mimesis* son mundos en los que impera una lengua unificada, una lengua refractaria a la subjetividad como inscripción en la superficie discursiva de algo del orden de la subjetividad. Si en Tlön encontramos dos *Ursprachen*, dos lenguas primordiales a las que se reducen los diferentes «dialectos» de los hemisferios boreal y austral, *La Divina Mimesis*, según se enuncia en la segunda nota se presenta como un escrito, otra vez, del pasado, previo a la unificación lingüística:

> Nacimiento del italiano como lengua nacional hablada, fundado no ya en el italiano literario, ni en el italiano instrumental dialectizado, como lengua franca de los intercambios comerciales y de la primera industrialización, sino sobre el italiano, hablado en Norte, como lengua franca de la segunda industrialización[48].

---

[46] *Ficciones*, Emecé, Buenos Aires, 1956, p. 27.

[47] J. L. Borges, «El culto de los libros», en *Otras inquisiciones*, Emecé, Buenos Aires, 1952.

[48] *La Divina Mimesis*, ed. cit., p. 59.

Y en el «Canto II»:

Tú sabes lo que es la lengua culta, y sabes lo que es la vulgar.
¿Cómo podrás hacer uso de ellas? Ahora son una única lengua:
la lengua del odio[49].

El Borges-narrador de «Tlön» se borra del texto anulando
lo que llama «expresión»: una escritura, en términos de Foucault,
que, liberada del tema de la expresividad, se refiere sólo a sí
misma[50]. En *La Divina Mimesis*, la expresión aparece como
aquello que no es negado a priori, sino aquello que es imposible
recuperar. En otros términos, mientras que en la escritura
borgeana el texto anula la expresión, en Pasolini la expresión
opera como una «fuerza del pasado» que produce textos
heteróclitos, inacabados, proliferantes y, en este sentido, como
una fuerza *conservadora* de resistencia[51]. En todo caso, se trata de
escrituras en las que, como dice Deleuze en su libro sobre Proust,
el estilo no actúa como categoría unificadora, o en la que el estilo
no actúa como referencia a una unidad, sino como multiplicidad
de puntos de vista que se desplazan permanentemente[52]. En otras
palabras, el estilo no como novedad, sino como un horadar la
muralla del lenguaje unificado.

En «Tlön» y en «El otro», se trata de un llevar hasta el
límite la metáfora del espejo como metáfora de la producción. En
«El otro», el dinero («uno de esos imprudentes billetes americanos
que tienen muy diverso valor y el mismo tamaño») funciona como
garantía de la identidad del sujeto, lo cual no deja de ser paradójico:
la garantía del sujeto queda atada a un producto que se diferencia

---

[49] Ibidem, p. 25.

[50] M. Foucault, op. cit.

[51] Cfr. P. Virno. *Grammatica della moltitudine*, Rubbetino,
Catanzaro, 2001.

[52] G. Deleuze, *Proust y los signos*, Anagrama, Barcelona, 1986,
p. 155.

cualitativamente de todas las otras mercancías en la medida en que constituye una segunda naturaleza que representa al mundo de las mercancías y que funciona al mismo tiempo como unidad de medida de todas ellas. El sujeto, entonces, como una «abstracción real»[53].

También en *La Divina Mimesis* se insiste en la relación entre subjetividad, arte y dinero. En los «Apuntes y fragmentos para el V canto», el trozo consiste en una larga invectiva de Rimbaud en el que se piensa la poesía en términos de producción, de dinero y de mercado. El poeta como productor de «mercancía que no puede ser adquirida», de mercancías que entran en colisión con el mercado. O, como dice Barthes en referencia a *Salò*, como un *objeto irrecuperable*[54].

Este «no identificarse con ninguna figura económica» es, en *La Divina Mimesis*, puesto en relación con el nomadismo como estrategia y con el estilo como «único testimonio de la Realidad». En efecto, el poeta es aquel que

> Va por las calles en las noches de invierno, sin demora, sin vestidos, sin pan; y quiere el oro[55].

Es este «estar afuera» lo que hace que el poeta no posea una «figura económica estable», que permite «escapar» de toda «determinación determinada». O, en otros términos, de «afirmar el escándalo», afirmar «un mundo indudablemente escindido, en el que una par- te se manifiesta como alteridad misteriosa más que enigmática», frente al «proceso de unificación planetaria bajo el signo de la técnica»[56].

En Pasolini, el individuo no es lo dado, como en el caso de la «sociología» del Borges-narrador de «El otro», sino el sujeto

---

[53] Cfr. P. Virno, op. cit., pp. 35-36.

[54] R. Barthes, «Sade-Pasolini» [1976], trad. it. en *Scritti sul cinema*, Il melangolo, Génova, 1994.

[55] *La Divina Mimesis*, ed. cit., p. 45.

[56] G. Conti Calabrese, *Pasolini e il sacro*, Jaca Book, Milán, 1993, pp. 88-89.

nómade que asume un aparato enunciativo colectivo, irreductible a una unidad individual, en un registro lingüístico heterogéneo, en un italiano «menor»[57], en un italiano preneocapitalista.

Sin embargo, a lo largo de la obra borgeana podemos reconocer otros modelos menos clásicamente liberales y modernos de subjetividad. Por ejemplo, el modelo de subjetividad expansiva de Cristo que se lee en la prosa «Purgatorio XXX 108»[58], en el que el cuerpo crucificado se identifica con la humanidad toda.

Si, en Borges, Cristo es sujeto colectivo, en Pasolini el cuerpo crucificado es lenguaje de la realidad. Es un cuerpo-lenguaje que habla una «palabra de la carne», «anterior a cualquier otra palabra»[59]. Se trata de modelos de subjetividad política, de sujetos más que de individuos, sujetos que, como el individuo social del que habla Marx, se producen sólo en la medida en que abren una fisura en el campo del espacio unificado por el mercado, en la medida en que es capaz de ser constantemente un otro, de devenir, a partir de una proliferación de estilos y de posiciones enunciativas, multitud. Un mundo, como en el de *La Divina Mimesis,* en el que no hay salida predeterminada, en el que se pasa «del mundo al mundo», en el que la idea de viaje se aborta en la medida en que no se puede sino permanecer en el mundo, como en el infierno cilíndrico de «El despoblador» de Beckett.

----

[57] Usamos el concepto en el sentido de G. Deleuze y F. Guattari, *Kafka. Por una literatura menor*, trad. esp., Era, México, 1975. Un esbozo de lectura de Pasolini en términos de lengua menor –esbozo retomado recientemente por Michael Hardt– puede hallarse en el capítulo 4 de *Mil mesetas* y en la intervención de Deleuze sobre Carmelo Bene incluida en *Sovrapposizioni*, Feltrinelli, Milán, 1978. Para una aproximación a Borges a partir de esta opción teórica, cfr. B. Sarlo, «Borges: crítica y teoría cultural», ed. cit.

[58] *El Hacedor*, ed. cit.

[59] Los entrecomillados traducen versos del poema «Bestemmia» [«Blasfemia», 1967], no publicado en vida de Pasolini e incluido ahora en *Tutte le poesie*, Garzanti, Milán, 1993, p. 1824.

Es mucho lo que los escritos de Borges y de Pasolini perciben y enuncian con respecto a la eficacia de la literatura; algo del orden del cambio en el régimen de producción, algo del orden del cambio del modo político en el que se produce la subjetividad como «subjetividad colectiva»: las relaciones entre arte y mercado globalizado; la industria cultural como paradigma productivo del postfordismo; el acto poético como singularidad irreductible, como acto de inscripción –político– de la subjetividad.

APUNTES (I). LAS LETRAS DEL MONSTRUO[60]

Pasiones heréticas –la selección del epistolario de Pasolini curada por el autor de estas líneas que publicó El cuenco de Plata de Buenos Aires en 2005– termina con una carta a Alberto Moravia que su autor jamás llegó a enviar a su destinatario y que cierra la «reconstrucción filológica» del texto en cuya escritura trabajaba Pasolini en los días de su asesinato: *Petróleo*. Sabemos que este texto se presenta a sus lectores como la realización parcial de una hipótesis filológica. Es más, no es tanto, en su propia concepción, un texto acabado, sino la hipótesis filológica reconstructiva de un *monstrum* literario –nove- la, ensayo, poema, «cierta cosa escrita», «bloque de signos» son algunas de las formas que Pasolini usa para nombrarlo– que permanece en el campo de las obras en estado de contingencia, de las obras a hacerse. En este conjunto quebrado y a la vez sediento de totalidad, los fragmentos «novelísticos» se injertan en informes judiciales, en crónicas periodísticas, en cartas, en resúmenes, en reescrituras. Es el proyecto pasoliniano de una escritura total e impura.

Las cartas de Pasolini, incrustadas, como la carta a Moravia, en el *continuum* escriturario que comienza a desplegarse en los tex- tos líricos friulanos y se extiende hasta *Salò* y *Petróleo*, constituyen una parte sustancial de esta máquina literaria. De manera análoga a lo que Deleuze y Guattari afirman acerca de las cartas de Kafka, se puede pensar que las cartas de Pasolini atraviesan la «lengua escrita» de la realidad no como meros documentos históricos, biográficos o «creativos» de los diferentes períodos composicionales de la obra de su autor, sino como una suerte de motor productivo de una escritura *desesperadamente vital* intrincada, contaminada de cuerpo y de mundo. Como las cartas kafkianas, las de Pasolini constituyen, más que ninguna otra cosa, un componente capaz de transformar todo (el habla de los

---

[60] Versión corregida de la nota al texto a *Pasiones heréticas*, selección de las cartas de Pier Paolo Pasolini, El cuenco de Plata, Buenos Aires, 2005.

campesinos del Friuli, los coros del rosa- rio, los retablos y la imaginaría religiosa de las aldeas de los Apeninos y los Prealpes, el acento cortante de los pescadores vénetos o napolitanos, el cuerpo meridional de los muchachos de Roma, de Beirut o de Recife) en materia de un modo de practicar la literatura que ha sido caracterizado como «impuro», como, en palabras de Carla Benedetti, una «*performance* en la que el objeto estético es menos importante que la presencia o la acción del artista».

Las cartas de Pasolini, como toda su escritura, instalan una presencia corporal. El escritor de cartas, el epistolier[61], ese «monstruo de la literatura» que situado en el umbral que escinde institución e inscripción, cuerpo y escritura, lengua y estilo, pasión e ideología, *transhumanización* y organización, puede ser pensado como una posición enunciativa *encarnada* (un texto, pero también una voz y un cuerpo) que entra en serie con la irrupción disruptiva que cada acto de escritura pasoliniano es. La disrupción, la monstruosidad, es su modo de intervención política. Si las cartas juveniles de Pasolini correspondientes al período friulano y a los primeros años de Roma construyen, como una suerte de puesta en texto del *amor de loinh* de sus amados poetas provenzales, una ligazón, un *sodalicio* entendido como pequeña comunidad imaginaria de escritura y de lectura, las cartas más cercanas a la muerte violenta en las playas de Ostia son los lugares en los que se expone de manera entrecortada una forma de entender la escritura como un arrojar el cuerpo en la lucha. En ellas (pienso, sobre todo, en la carta a Penna o en la referida carta a Moravia) se plantea la escritura como una ascética radicalizada, un acto afirmativo de agencia- miento en el que los órdenes de géneros y de clases aparecen violentamente impugnados. Ya no son modos de conjurar mediante la poesía y la búsqueda de una lengua poética total el hiato, la distancia, sino el cuerpo escrito que es, él mismo, un acontecimiento disruptivo en el mundo, como un Tiresias, un Cristo o un Francisco.

---

[61] Cfr. Vincent Kaufmann, *L'equivoque epistolaire*, de Minuit, París, 1990.

Lo que permanece es la escritura epistolar como la puesta en marcha de un sujeto colectivo de enunciación en un texto estratificado, como el que Pasolini postula en el último libro publicado en vida: un libro presentado, de igual modo que *Petróleo*, como reconstrucción filológica de un texto que permanece en estado de es- bozo y que adopta la «forma magmática y progresiva de la realidad». Leídas desde estas monstruosidades filológicas, las cartas son un rizoma, una red, una telaraña, pero también un magma, un pro- ceso formal viviente, una matriz de intervención que está en la base del Pasolini hereje, corsario, luterano. Las relaciones epistolares tejen, en este sentido, un espacio reticulado en el que las relaciones pasionales, corporales, rearticulan una *parresía* irreductible a la re- tórica grandilocuente, arborescente, del Estado y de los medios masivos, e irreductible también a las retóricas alusivas de las formas más o menos domesticadas de la modernidad artística y literaria (el futurismo y el hermetismo, primero; Robbe-Grillet, Antonioni y la neovanguardia italiana, más adelante). Lo sacro (la lengua primigenia de la juventud friulana; la «fulguración figurativa» de *Accattone* y de *Mamma Roma;* la sacralidad subalterna, gramsciana, de las novelas romanas; el ambiguo espacio sacro, sacer, de *Petróleo* y de *Salò*); el mito del estilo y las pulsiones adjetivales en los años de poesía civil de *Officina* y *Las cenizas de Gramsci*; la ascesis de un cuerpo tensionado entre la vida y la destrucción, encarnado en un decir «impregnado de realidad inmediata», derrochando semen y vida en urbes semiafricanas quemadas por el sol meridional, son algunos de los bloques de sentido que recorren el epistolario de Pasolini y que, entrecruzados, intrincados, contaminándose unos a otros, hacen de cada carta algo entrañablemente corporal, impuro: político.

DISCONTINUIDAD, TIEMPO, REPETICIÓN
POR UNA CONCEPCIÓN QUEBRADA DE LECTURA

¿Pero hasta qué punto la literatura borgeana –presa fácil de las más expeditivas teorías del textualismo absoluto y de la crítica erudita– permite pensar una concepción material de lectura? ¿Hasta qué punto esa literatura, colocada en el centro del sistema literario argentino y alojada en el avaro canon occidental de Bloom admite ser leída aun contra las orientaciones desplegadas de manera más inmediata a partir de ella?

Lo que nos interpela de esa escritura ultracanonizada, de eso que, paradojas del archivo, no dudamos en calificar de «obra», es, sobre todo, su capacidad para percibir hasta qué punto la mirada que proyectamos sobre los objetos culturales, y, sobre todo, la mirada que proyectamos sobre la literatura, nuestra *mirada lectora,* es, al mismo tiempo, una mirada descentrada y quebrada temporalmente. Una mirada, una lectura, *hendidas.* En este sentido, parecieran ser muchas las lecciones relacionadas con una teoría material sobre la lectura que podemos seguir extrayendo de varios sectores de los escritos borgeanos, en especial, de los escritos sobre el tiempo. Es a partir de ellos que proponemos reconstruir algunos aspectos de la constelación teórica en la que estos mate- riales aparecen articulados con una de las reflexiones materialistas más potentes del siglo XX: las reflexiones del Benjamin de las tesis sobre la historia correspondientes al último período de su producción (los años en los que el crítico alemán se concentra en la redacción de la obra sobre los pasajes de París: la *Passagenwerk*), etapa que se superpone, en parte, con los comienzos del período borgeano considerado «clásico» (el Borges de los años '30 y '40).

La reflexión borgeana acerca del tiempo se inscribe en la lectura, o mejor, la apropiación –en la que ha insistido una parte sustancial de la crítica[62]– de ciertos aspectos de la filosofía occidental desde un lugar lateral, o, en todo caso, descentrado desde un punto de vista espacial y desfasado temporalmente. Como afirma Massimo Cacciari en el prefacio a la edición argentina de El Archipiélago, es en los escritos de Borges donde se manifiesta de manera más evidente el carácter anómalo de la cultura y la literatura argentinas, ese lugar donde todo el archipiélago de Europa occidental, «puede reflejarse y reconocerse»[63].

En el caso de los escritos borgeanos sobre el tiempo, este des- fase se plantea en términos de distancia y de apropiación deforman- te, como «reductio ad absurdum de un sistema pretérito o, lo que es peor, el débil artificio de un argentino extraviado en la metafísica»[64]. En los textos que focalizaremos en este trabajo, la «Nueva refutación del tiempo» –que es el producto de la fusión de dos artículos, uno de 1944 y el otro de 1946– y la «Historia de la eternidad», de 1953, Borges lleva adelante un trabajo de desmontaje de la representación lineal de la temporalidad y, sobre todo, del desarrollo histórico, sobre la base fundamentalmente de un procedimiento lógico, la *paradoja*, y de una figura retórica, el *oxímoron*. Esta figura, que los retóricos definen como figura del pensamiento, plantea una oposición semántica entre los componentes de una construcción sintáctica (generalmente, entre sujeto y predicado, pero también entre otros componentes de la frase, como el núcleo y el modificador indirecto) que no admite, en principio, «superación» semántica. Se trata, pues, de una figura que deja el sentido, para tomar la conocida afirmación de Benjamin con respecto a la dialéctica «en suspenso».

---

[62] Beatriz Sarlo, *Borges: un escritor en las orillas*, Ariel, Buenos Aires, 1999.

[63] Massimo Cacciari, El *archipiélago. Figuras del otro en Occidente*, Eudeba, Buenos Aires, 1999, trad. de Mónica B. Cragnolini.

[64] Jorge Luis Borges, «Nueva refutación del tiempo», en *Otras inquisiciones* [1960], Emecé, Buenos Aires, 1964, p. 235.

Son los títulos de estos ensayos que el propio Borges llama «metafísicos» los que nos incitan a pensar sus problemas en términos de las figuras de la lógica y de la retórica que hemos convocado. Así, la «Historia de la eternidad» postula la tensión entre despliegue temporal («historia») y negación del tiempo («eternidad») que está en la base de todo el desarrollo argumentativo del ensayo. Asimismo, la «Nueva refutación del tiempo», como afirma el propio Borges en la nota que introduce el ensayo, presupone la existencia de aquello que niega. Es, para usar la expresión de Borges, una *contradictio in adjectio*. El adjetivo «Nueva», en efecto, aparece semánticamente tensionado con la «refutación del tiempo» cuyo núcleo («refutación») modifica. Leídos en términos de la postulación de una concepción «quebrada» del flujo histórico, se trata, en todo caso, de rastrear en estos ensayos la tensión entre negación del tiempo e historia que se articula en ellos. Es en la medida en que se plantea una tensión temporal constituyente de la historia, que en los ensayos de Borges pueden topografiarse zonas en las que se percibe las limitaciones de una concepción lineal del desarrollo histórico, esas zonas en las que el historiador materialista de Benjamin no puede dejar de demorarse.

En «Historia de la eternidad» Borges recorre los dos grandes modos de concebir la eternidad, y la temporalidad, en Occidente. La primera de estas concepciones es la platónica, o mejor, neoplatónica cuya formulación más contundente se encuentra en las *Enéadas* de Plotino. La segunda formulación, la cristiana, se asocia, sobre todo, con San Agustín (con el libro XII de las *Confesiones*) y, en términos teológicos, con el dogma de la trinidad. Estas representaciones filosóficas y teológicas de objetos que ponen en crisis el concepto mismo de representación (la eternidad, la trinidad, etc.) des- embocan, en la «Nueva refutación del tiempo», en una especie de universo liso, de universo no estriado por la historia; un universo de *puro tiempo*:

Un mundo de impresiones evanescentes; un mundo sin materia ni espíritu, ni objetivo ni subjetivo; un mundo sin la arquitectura ideal del espacio; un mundo hecho de tiempo, del ab- soluto tiempo uniforme de los Principia; un laberinto infatigable, un caos, un sueño[65].

El desmontaje de la temporalidad lineal termina en la historia como «laberinto infatigable». En rigor, para Borges, el problema que se plantea cuando se analiza el concepto «metafísico» de eternidad no es el de la «agregación mecánica» de presente, pasado y porvenir, sino el de la *simultaneidad*. Es éste el punto de partida de la reflexión borgeana en torno al tiempo: la percepción de que el tiempo histórico, al menos el tiempo histórico de la modernidad, es un tiempo diferencial. Y es éste, también, el punto que permitiría acercar a Borges a Benjamin: en ambos casos, la afirmación de un tiempo lineal quebrado supone la afirmación consecutiva de una temporalidad *diferencial*, o mejor, heterogénea, a partir de la cual se piensa una historia material del arte y de la literatura: una historia de series no unificadas por lenguas, períodos, géneros y autores (como la que se postula en «Kafka y sus precursores»); una historia de las prácticas materiales de la producción y a reproducción del arte (como la que se postula en «La obra de arte en la época de su reproductibilidad técnica» de Benjamin).

Uno de los puntos centrales en los que se manifiesta lo heterogéneo del tiempo en los escritos de Borges es en el desmontaje de la noción de *contemporaneidad*. Así, la mera coincidencia en el tiempo parece no ser suficiente como para afirmar la contemporaneidad de dos sucesos. Leemos al respecto en «Nueva refutación del tiempo»:

---

[65] Ibidem, p. 240.

Niego, en un número elevado de casos, lo sucesivo; niego, en un número elevado de casos, lo contemporáneo también. El amante que piensa *Mientras yo estaba tan feliz pensando en la fidelidad de mi amor, ella me engañaba*, se engaña: si cada estado que vivimos es absoluto, esa felicidad no fue contemporánea de esa traición; el descubrimiento de esa traición es un estado más, inapto para modificar los «anteriores», aunque no a su recuerdo. La desventura real no es más real que la dicha pretérita. Busco un ejemplo más concreto. A principio de 1824, el capitán Isidoro Suárez, a la cabeza de un escuadrón de Húsares del Perú, decidió la victoria de Junín; a principios de agosto de 1824, De Quincey publicó una diatriba contra *Wilhelm Meisters Lehrjahre*; tales hechos no fueron contemporáneos, ya que los dos hombres murieron, aquél en la ciudad de Montevideo; éste en Edimburgo, sin saber nada el uno del otro...[66].

La temporalidad diferencial que Borges postula en este fragmento es análoga a la *Ungleichzeitigkeiten* que, en esos mismos años, se encontraba en estado de elaboración en los escritos de Ernst Bloch y que está en la base de muchos de los desarrollos de la crítica materialista de la cultura más cercana a nosotros[67]. La refutación del tiempo no conduce, en Borges, a la negación de la historia, sino a la diferenciación de las temporalidades en términos de autonomía y de irreductibilidad. En última instancia, para Borges, «cada instante es autónomo», con lo cual se niega, por un lado, la idea misma de contemporaneidad, así como la sucesión lineal de temporalidad. La historia, en todo caso, no es una mera sucesión temporal, sino

---

[66] Ibid., p. 240.

[67] Por ejemplo, en los trabajos de Andreas Huyssen. Para el rescate de la noción de Bloch, cfr., de este autor, «Guía al postmodernismo» en N. Casullo (comp.), *El debate modernidad-postmodernidad,* Puntosur, Buenos Aires, 1992.

el producto de una serie de segmentaciones y de quiebres temporales[68].

En uno de los textos que dan sustento teórico a la lingüística de la enunciación, Émile Benveniste afirma que: «entre las formas lingüísticas reveladoras de la experiencia subjetiva, ninguna es tan rica como la que expresa el tiempo»[69]. Para el lingüista francés, una de las tareas de la lingüística de la enunciación es la exploración del hiato entre «la naturaleza del tiempo objetivo» y la «experiencia subjetiva, por definición variable, del tiempo».

Esta correlación entre temporalidad y subjetividad había sido leída por Borges, pocos años antes de la publicación de artículos centrales de Benveniste (como «La naturaleza de los pronombres», de 1956, y «De la subjetividad en el lenguaje», de 1958), en términos de dispersión y discontinuidad. En Borges, en efecto, el des- montaje de la linealidad temporal tiene como consecuencia, por un lado, la crítica de la noción de contemporaneidad y, por el otro, el descentramiento de una concepción unificada, o unificante, de sujeto. En los ensayos en los que nos concentramos, este desmontaje, que tanta agua llevará al molino de la deconstrucción, se pone de manifiesto, sobre todo, en un *injerto* textual que Borges inserta en ambos textos. En efecto, tanto la «Historia de la eternidad» como la «Nueva refutación del tiempo» insertan un texto ensayístico del Borges de los años '20,

---

[68] Esta concepción descontemporaneizante de la historia tiene fuertes consecuencias al momento de pensar un concepto *asincrónico* de historia literaria que se despliega de manera fragmentaria a lo largo de los textos borgeanos. En este sentido, en «La flor de Coleridge» (a partir de la cita de Valéry con la que se inicia) y en «Kafka y sus precursores» (a partir de la cita de Eliot con la que se cierra), es posible reconstruir la genealogía de una historia no intencional y discontinua («El hecho es que cada escritor crea a sus precursores. Su labor modifica nuestra concepción del pasado, como ha de modificar el futuro») de literatura. Ambos textos se encuentran compilados en *Otras inquisiciones*.

[69] Émile Benveniste, «El lenguaje y la experiencia humana» [1965], en *Problemas de lingüística general*, Siglo XXI, México, 1986.

incluido en *El idioma de los argentinos*. Se trata de la puesta en texto del fenómeno del *déja vu*, de lo ya vivido, entendido como una manifestación extrema del tiempo suspendido.

> Me quedé mirando esa sencillez. Pensé, con seguridad en voz alta: Esto es lo mismo de hace treinta años... Conjeturé esa fecha: época reciente en otros países, pero ya remota en este cambiadizo lado del mundo[70].

Lo «ya vivido» implica llevar al extremo la experiencia de la detención del tiempo. No se trata, con todo, de la concepción del tiempo circular y de los ciclos temporales, sino de la idea, mucho más inquietante, de la permanencia del acontecimiento: «Esa pura representación de hechos homogéneos (...) no es meramente idéntica a la que hubo en esta esquina hace años; es, sin parecidos ni repeticiones, la misma»[71]. El *déja vu* permite leer el tiempo como fenómeno diferencial. Es entonces lo ya vivido lo que aparece textualizado por Borges en el ensayo del ′27, pensado como el «registro de una experiencia» que, en principio, parecería, por un lado, poner en escena una «fruslería» sin consecuencias *metafísicas* (tal la fácil palabra de Borges), y que, por el otro, puede ser leída en términos de una de las preocupaciones críticas más fuertes del siglo XX que Benjamin, en textos como «Experiencia y pobreza», lleva hasta el extremo: el problema de la pérdida de la experiencia o, para decirlo con las palabras de Giorgio Agamben, el problema de su destrucción[72].

El ensayo-relato de Borges aparece enmarcado, en «Nueva refutación del tiempo», por un párrafo en el que se declara

---

[70] J. L. Borges, «Nueva refutación del tiempo», ed. cit., pp. 246-7.

[71] Ibidem, p. 247.

[72] Cfr. Giorgio Agamben, *Infancia e historia. Destrucción de la experiencia y origen de la historia* [1978], Adriana Hidalgo, Buenos Aires, 2001.

que: «Todo lenguaje es de índole sucesiva; no es hábil para razonar lo eterno, lo intemporal» [73] . La disociación entre experiencia y lengua- je es uno de los puntos cruciales de la reflexión de Henri Bergson – a quien Borges evoca en la nota que introduce la «Nueva refutación del tiempo»- sobre el tiempo y sobre algunos fenómenos ligados con él, como el *déja vu*. Este fenómeno, que Bergson relaciona con una «inadvertida disminución de los fenómenos vitales», es analizado por el filósofo francés en «La impresión de lo "ya visto"», un artículo publicado en la Argentina en el año 1937[74] y que el teórico italiano Paolo Virno ha retomado últimamente en su estudio sobre el tiempo histórico, *Recuerdo del presente*, un libro que, según dice el autor en el prólogo a la edición castellana, convoca a un lector «interesado tanto en la *Historia de la eternidad* de Borges como en el destino de los piqueteros».

Para Virno, en el análisis de Bergson se encontrarían en esta- do larval los rasgos no de una «alteración cuantitativa» de la memoria en sentido estrictamente psicológico sino de la ampliación de su potestad y dominio. En efecto, el *déja vu* aplica la memoria a la actualidad: historiza el presente en manos de un sujeto que, como *en un espejo*, se percibe a sí mismo y se reconoce, en palabras de Virno, como ejecutor de un guión ya conocido e invariable. De esta manera, el *déja vu* plantea, y lleva hasta el extremo, la condición epigonal del individuo extremada en una autoepigonalidad: postula, en fin, un individuo epígono de sí mismo.

Tanto en el texto del joven Borges como en el de Bergson se trata de escenificar el proceso mismo por el que se forma el recuerdo. El recuerdo no es ya recuerdo del pasado, un pasado que en última instancia permanece como algo del orden de lo irrecuperable, sino un recuerdo que es estrictamente

---

[73] J. L. Borges, «Nueva refutación…», ed. cit., p. 246.

[74] Henri Bergson, «La impresión de "ya visto"», en *Estudios de la Academia Literaria de La Plata*, Buenos Aires, a. 27, t. 58, n° 3-5, noviembre de 1937.

contemporáneo a la percepción. Es este desdoblamiento del tiempo la condición de posibilidad de la mera memoria. De alguna manera, la experiencia del *déja vu* instala la distancia en el propio presente, distancia que, como afirma la hermenéutica, reelaborada y vuelta a postular por Hans- Georg Gadamer, se configura como la condición misma de posibilidad del conocimiento histórico[75].

En este sentido, el recuerdo, tal como se configura en el relato autobiográfico injerto en el ensayo de Borges, que es «recuerdo del presente», no es la copia del pasado, sino el correlato de la experiencia inmediata. La historia, en tanto textualización de la memoria, se presenta siempre como una selección de rasgos. La memoria es, por ello, selectiva, una modalidad que encuentra su contracara en las monstruosas *máquinas no miméticas* que Borges prodiga en sus relatos y en sus ensayos.

A lo largo de los escritos de Borges, en efecto, podemos encontrar máquinas semánticas que operan como máquinas ahistóricas no miméticas, máquinas puramente formales y, por ello, estéticas. Recuérdese, en este sentido, que el arte es, para Borges, como para el Croce de la *Estética*, pura forma. La música, por ello, será el arte llevado hasta sus últimas consecuencias, en la medida en que todo el arte, como ella, opera no negando el sentido, sino suspendiéndolo, como una «revelación que no se produce»[76]. Máquinas en sus- pensión de este tipo son, por ejemplo, el mapa del imperio de *El hacedor*, la «memoria» de Funes, la esfera de Pascal, el libro de Mallarmé. Son máquinas semánticas que ya no representan nada, porque coinciden, ellas mismas, con el mundo. Son, mejor dicho, el mundo, y desalojan cualquier distancia entre

---

[75] En efecto, para Gadamer, «lo que una cosa es» sólo se distingue sobre la base de la instauración de una distancia entre el objeto y el presente o, «en otras palabras: cuando [el objeto de conocimiento] está suficientemente muerto como para que ya sólo interese históricamente». Cfr. Hans-Georg Gadamer, *Verdad y método* [1960], Sígueme, Salamanca, 1991, p.

[76] J. L. Borges, «La muralla y los libros», en *Otras inquisiciones*, ed. cit., p. 128.

45

letra y mundo. Son textos totales. Fuera de ellos parece no caber ya nada. Son, pues, máquinas semánticas que forman serie con la biblioteca, equipara- da famosamente por Borges con el paraíso («Poema de los dones») y con el universo mismo («La biblioteca de Babel»).

Así y todo, si Borges es el profeta de una suerte de «Textualismo desintegral» [77] (para el que pasado e historia, experiencia y texto, como en «La muralla y los libros», coinciden), esa profecía asume, a través de las monstruosas máquinas narrativas en las que nos hemos detenido, la forma del delirio, de la pesadilla: la memoria de Funes, el mapa del imperio, la biblioteca, el *aleph*, son, asimismo, máquinas empastadas por el exceso de representaciones. Son máquinas saturadas. Bloqueadas. Cualquier suceso, cualquier circunstancia del pasado está impreso en la memoria de Funes. Cualquier espacio del mundo es parte de la biblioteca. Todo pliegue del terreno, todo accidente, hasta el menos perceptible, aparece (debería aparecer) sin mediaciones en la superficie del mapa del imperio. En última instancia, no son ni biblioteca, ni mapa, ni memoria: son máquinas totalizantes y, al mismo tiempo, máquinas *defectivas*, doblegadas por el peso del pasado que, en palabras de Marx, pesa como una lápida sobre los vivos o, como en el Nietzsche de la consideración inactual sobre «La utilidad y el perjuicio de la historia para la vida», provoca la parálisis de la acción por acumulación, por hipertrofia.

Frente a estas máquinas no reproductivas, que extreman, por exceso, el deseo de *mímesis* de la literatura, aparecen diseminadas a lo largo de los escritos de Borges «máquinas mediáticas» que operan de manera contrapuesta. Ignoradas en el

---

[77] La expresión es de Martín Jay y se refiere a un conjunto de intervenciones teóricas (Gadamer, Ricoeur, Derrida) que renuncia a cualquier tipo de prioridad causal al contexto sobre el texto y que, incluso, niega toda diferencia entre uno y otro. Cfr. «El enfoque textual en la historia intelectual», en *Campos de fuerza. Entre la historia intelectual y la crítica cultural,* Paidós, Buenos Aires, 2003.

ensayo incluido en *Otras inquisiciones*, en el de 1953 se alude a ellas en más de una oportunidad. En «Nueva refutación del tiempo», en efecto, las citas «al- tas» de la enciclopedia filosófica y literaria que predominan en los ensayos de los años 40 se articulan con materiales que provienen de esa gran maquinaria de producción cultural del siglo XX que es la industria cultural:

> Un capítulo de Schopenahuer no es el papel en las oficinas de Leipzig ni la impresión, ni las delicadezas y perfiles de la escritura gótica, ni la enumeración de los sonidos que lo componen ni siquiera la opinión que tenemos de él; Miriam Hopkins está hecha de Miriam Hopkins, no de los principios nitrogenados o minerales, alcaloides y grasas neutras, que forman la sustancia transitoria de ese fino espectro de plata o escénica inteligible de Hollywood[78].

> Es sabido que la identidad personal reside en la memoria y que la anulación de esa facultad comporta la idiotez. Cabe pensar lo mismo del universo. Sin una eternidad, sin un espejo delicado y secreto de lo que pasó por las almas, la historia universal es tiempo perdido y en ella nuestra historia personal –lo cual nos afantasma incómodamente. No basta con el disco gramofónico de Berliner o con el perspicuo cinematógrafo, meras imágenes de imágenes, ídolos de ídolo. La eternidad es una más copiosa invención. Es verdad que no es concebible, pero el humilde tiempo sucesivo tampoco es[79].

Este fragmento evidencia que, en lo referente a la industria cultural, vuelve a aparecer en Borges la jerga platónica. Borges percibe las diferencias entre arte y cultura, uno de los puntos más fuertes de la elaboración teórica que en los años 30 y 40 habían llevado adelante los miembros más conspicuos de la Escuela de Frankfurt, en términos materiales de producción y de

---

[78] J. L. Borges, «Historia de la eternidad» [1953], en *Historia de la eternidad*, Emecé, Buenos Aires, 1989, p. 18.
[79] Ibidem, pp. 56-7.

reproducción. La cultura de masas es, como en «El simulacro», incluido en *El hacedor*, justamente eso: un simulacro, *mimesis de mimesis*. Iconos que se presentan como la puesta en imagen de una «esencia inteligible». No máquinas de producción (en este punto no hago sino repetir las hipótesis de Daniel Link), como las que listamos más arriba, sino máquinas de *re*producción: máquinas que operan como el espejo que le permite a Borges explicar el concepto de materia en Plotino «como mera y huera pasividad que recibe las formas universales como las recibiría un espejo»[80], o como el que «inquieta» el fondo del pasillo de la quinta de Ramos Mejía en «Tlön, Uqbar, Orbis Tertius», en el que el personaje Bioy articula espejo y cópula a partir de la lógica de la reproducción, es decir, a partir de la lógica de producción de la cultura de masas[81].

Es en sus cuentos, sobre todo en «Tlön», donde Borges plan- tea de manera más contundente una concepción de tiempo histórico no evolutivo, quebrado, en suspenso (para decirlo con Benjamin). Aquí nos detendremos sólo en uno de ellos, incluido en *El aleph*: «La otra muerte», texto en el que se articulan tiempo fragmentado, escritura y traducción. Leemos al comienzo del relato:

> Un par de años hará (he perdido la carta), Gannon me escribió de Gualeguaychú, anunciando el envío de una versión, acaso la primera española, del poema The past, de Ralph Waldo Emerson, y agregando en una posdata que don Pedro Damián, de quien yo guardaría alguna memoria, había muerto noches pasadas, de una congestión pulmonar. El hombre, arrasado por la fiebre, había revivido en su delirio la sangrienta jornada de Masoller: la noticia me pareció previsible y hasta convencional, porque don Pedro, a los diecinueve o veinte años, había seguido las banderas de Aparicio Saravia (…). Era hombre taciturno, de pocas luces. El sonido y la furia de Masoller agotaban su historia; no me sorprendió que la reviviera, en la hora de su

---

[80] Id., p. 17.
[81] Cfr. Daniel Link, «Borges, él mismo», ed. cit.

muerte… Supe que no vería más a Damián, y quise recordarlo; tan pobre es mi memoria visual que sólo recordé una fotografía que Gannon le tomó. El hecho nada tiene de singular, si consideramos que vi al hombre a principio de 1942, una vez, y la efigie, muchísimas. Gannon me mandó esa fotografía, la he perdido y ya no la busco. Me daría miedo encontrarla[82].

Es posible desgranar a partir de este comienzo convencional en el marco del corpus de relatos borgeanos toda una serie de problemáticas que se instalan en la intersección entre recuerdo y registro. Por un lado, la historia, en este párrafo, es pensada como algo que incumbe a la experiencia. La historia es, en efecto, un modo de hacer «revivir» el pasado, pero, y es importante subrayarlo, de hacerlo revivir en clave de *delirio*. En este comienzo, asimismo, la historia se correlaciona, como en Benjamin, con otras prácticas simbólicas: la traducción[83] y la obra de arte reproducida técnicamente. Lo que parecería articular historia, traducción y re- producción técnica es su carácter de prácticas, en principio, reproductivas. Sin embargo, el relato borgeano plantea una concepción de literatura (se trata, a no olvidarlo, de un relato sobre la confección de un relato fantástico) y una concepción de historia como prácticas más bien del orden de la experiencia y, también, del orden de lo narrativo. Son, sobre todo, ejercicios de narración tensionados entre la linealidad cronológica y una concepción, para decirlo con Benjamin, «llena» y «discontinua», una concepción estratificada, de tiempo:

En la Suma Teológica se niega que Dios pueda hacer que lo pasado no haya sido, pero nada se dice de la intrincada con-

---

[82] J. L. Borges, «La otra muerte», en *El Aleph*, Emecé, Buenos Aires, 1986, p. 72.

[83] El poema de Emerson y «El sonido y la furia», el título de Faulkner –algunos de cuyos textos, como *Las Palmeras Salvajes*, fueron traducidos por Borges–, título que a su vez calca el famoso verso de Shakespeare.

catenación de causas y efectos, que es tan vasta y tan íntima que acaso no cabría anular un solo hecho remoto, por insignificante que fuera, sin validar el presente. Modificar el pasado no es modificar un solo hecho; es anular sus consecuencias, que tienden a ser infinitas. Dicho sea con otras palabras, es crear dos historias universales. En la primera (digamos), Pedro Damián murió en Entre Ríos, en 1946; en la segunda en Masoller, en 1904. Ésta es la que vivimos ahora, pero la supresión de aquella no fue inmediata y produjo las incoherencias que he referido[84].

En «La otra muerte», la referencia intertextual explícita más fuerte es la *Divina Comedia*. Pedro Damián, en efecto, remite al clérigo Pier Damiani, uno de los tantos habitantes del Paraíso dantesco. En el canto XXI del *Paraíso* al que alude Borges no sólo se pone en juego la identidad, del «problema de la identidad», sino también el problema del conocimiento mismo, que, en boca de Beatriz, Dante piensa a partir de la metáfora del espejo. Leemos así en una de su primeras *terzinas*:

Ficca di retro a li occhi tuoi la mente,

e fa di quelli specchi a la figura

che´n questo specchio ti sarà parvente (Paraíso, XXI, 16-18).

La alegoría especular de Dante seguramente no habrá pasado inadvertida a los ojos de Borges. Se sabe: el tema del espejo se dispersa a lo largo de los textos borgeanos, como si su lógica de producción fuera la lógica de la proliferación que el espejo, la reproducción, el simulacro, la cultura de masas ponen en primer plano. Así, por ejemplo, en el breve apólogo «Paradiso, XXXI; 108», la dispersión de la subjetividad vuelve a leerse, como en el relato de *El aleph,* otra vez a partir de la *Divina*

---

[84] Ibidem p. 78.

Comedia: «Diodoro Sículo –escribe Borges al comienzo del texto– refiere la historia de un dios despedazado y disperso», una dispersión que jamás vuelve a unir rostro y rastro del rostro, como en la verónica que el peregrino de la «lejana Croacia», en Dante, va a contemplar a Roma. «Tal vez la cara se murió, se borró, para que Dios sea todos»[85].

La verónica, como el manto sagrado, involucra un modo de representación fundamentalmente indicial. Se trata de un modo de representación (o, mejor, quizá, de presentación) que opera por contigüidad, como la fotografía a la que alude Peirce en sus escritos semióticos. En «La otra muerte» la fotografía (y la traducción), que confluyen en Gannon, son lugares de dispersión de la experiencia que reconstruye, aun como imposibilidad, el relato. Frente a las máquinas empastadas del arte reproducido mecánicamente, frente a las máquinas reproductivas de la cultura de masas, el tiempo histórico puede pensarse, en Borges, en términos de anacronismo y de corporalidad. En efecto, si entendemos, con Virno, el anacronismo como «procedimiento contratemporal» que plantea la transposición del *hic et nunc* en el pasado, si pensamos, como parece postularse en el relato-ensayo de 1928 injerto en los escritos sobre tiempo, se desarma la sucesión cronológica, la «desbarata y la complica».

Se trata, en todo caso, de pensar narrativamente una temporalidad quebrada, diferencial.

Con estos ensayos de Borges nos encontramos ante una concepción alternativa a la representación lineal y evolutiva de tiempo que puede ser rastreada en «los pliegues y las sombras de

---

[85] En *El hacedor*, ed. cit., p. 4

la tradición occidental»[86]. Entre estos pliegues y sombras campea la tradición gnóstica, cuya centralidad en la obra de Borges ha sido suficientemente demostrada. En efecto, para la Gnosis, esa «religión fallida de Occidente», «al círculo de la experiencia griega y a la línea recta del cristianismo, se contrapone una concepción cuyo modelo espacial puede ser representado por una línea interrumpida»[87]. Con la Gnosis se pone en primer plano un tiempo discontinuo y heterogéneo, como el que Benjamin piensa en varios de los fragmentos que confluirán en las célebres «Tesis de filosofía de la historia»[88].

Entre 1926 y su suicidio en 1940, Benjamin dedicó gran parte de su tiempo a la redacción de una obra monstruosa y paradójica; una obra-mosaico, compuesta tan sólo de citas: el *Passagenwerk*, la obra de los pasajes, pensada como una enorme recolección de citas en cuyo centro, como afirma Franco Rella, se encuentra una «imagen que se repite continua, obsesivamente»[89]: la imagen del «umbral». Es a partir de esta imagen que podemos desplegar la concepción material, diferencial y discontinua de tiempo, en la que insiste Benjamin en sus últimos años, una imagen que supone la puesta en juego de algo del orden de la asincronía y de la heterogeneidad. Asincronía y heterogeneidad son los términos que aparecen cifrados, alegorizados, en el comienzo de las tesis. Es ésta, pues, la lectura que Pablo Oyarzún plantea, en la introducción a la edición santiaguina del texto de Benjamin: el muñeco vestido a la turca de la primera de las tesis, el autómata de Von Kempelen, es en sí mismo el producto de una imaginación técnica que encuentra su *umbral* en el siglo XVIII. El muñeco (como enseña Sigmund Freud y muestra en cine Jorge

---

[86] G. Agamben, L'aperto, Bollati Boringhieri, Turín, 2002, p. 77.

[87] Ibidem.

[88] «Al círculo de la experiencia griega y a la línea recta del cristianismo, [la Gnosis] le contrapone una concepción cuyo modelo espacial puede ser representado por una línea interrumpida» (G. Agamben, «*Tiempo e historia*», ed. cit., p. 132).

[89] 9 Franco Rella, Dell'esilio, Feltrinelli, Milán, 2004, p. 16.

Polaco o en teatro el Periférico de Objetos, uno de los engendros más siniestros pergeñados por el hombre) está en el límite entre lo humano y la máquina, entre el arte y la técnica, entre la vida y su análogo, el *perpetuum mobile*. Mucho tiempo he estado acostándome temprano. Mucho tiempo he estado *in limine*, deslizándome entre sueño y vigilia un estado de excepción: se trata de pensar, en las tesis, el tiempo en el umbral como instante en el que se despedaza, se hace jirones, el tiempo lineal, como en la ex- tensa escena del despertar con el que se abre el primer volumen de la *Recherche*.

> Tal como Proust empieza la historia de su vida con el despertar, así tiene que empezar toda exposición de la historia con el despertar, y en verdad no ha de tratar de ninguna otra cosa[90].

Como en el prólogo de la «Nueva refutación del tiempo» de Borges, en el comienzo de «Sobre algunos temas en Baudelaire» se encuentra Bergson. En el caso de Benjamin, la referencia es la «madrugadora obra de Bergson *Matière et memoire*»[91], para la que la experiencia «se forma menos de datos rigurosamente fijos en el re- cuerdo que de los que acumulados, con frecuencia no conscientes, confluyen en la memoria». A partir de Proust y de Freud, Benjamin lleva adelante en «Sobre algunos temas en Baudelaire» lo que de- nomina «Trabajo de especificación histórica» de la concepción bergsoniana de memoria. Se trata de un trabajo de densificación casi proustiana de la temporalidad que conduce a un concepto tensionado y heterogéneo de presente histórico. Es lo que Benjamin llama

---

[90] Walter Benjamin, *La dialéctica en suspenso. Fragmentos sobre historia,* traducción, introducción y notas de Pablo Oyarzún Robles, Arcis-Lom, Santiago de Chile, 1992, p. 166.

[91] Walter Benjamin, «Sobre algunos temas en Baudelaire», en Iluminaciones. *Poesía y capitalismo*, Taurus, Madrid, 1980, trad. de J. Aguirre, p. 125.

Jetztzeit, el «Tiempo ahora» en el que se produce no sólo su detención sino algo que tendrá consecuencias teóricas inmensas para pensar una teoría material de la historia y de la lectura: la *Stillstand*, la suspensión de la dialéctica. No hay ya, en consecuencia, tensiones a resolver, sino tensiones que se llevan al extremo que permanecen irresolubles. En este sentido las tesis, como sostiene Oyarzún, se fundan no en la negación de la corriente histórica en algo tal como un puro presente, sino en la determinación de la «presencialidad del presente» por el pasado. «Esta determinación –leemos en Oyarzún– abre en el presente una diferencia que lo constituye y de este modo hiende al presente mismo»[92].

Es en los textos escritos por Benjamin a la luz de Marx, Baudelaire y Proust donde esta concepción no acumulativa y no lineal de tiempo es elaborada en términos estrictamente políticos. Como en la Gnosis (que, según Agamben, «revaloriza aquello que se había condenado como negativo (Caín, Esaú, los habitantes de Sodoma), aunque sin esperar nada del futuro»[93], los textos de Benjamin elaboran un concepto de historia y de tiempo que polemiza ya con el historicismo (positivista o idealista), ya con la socialdemocracia y el estalinismo. Se trata, para parafrasear la célebre conclusión de «La obra de arte en la época de su reproductibilidad técnica», de politizar no sólo el arte, sino la teoría, la poética, que acompaña toda experiencia estética moderna. A la luz, sobre todo, de la lectura de Proust, el último Benjamin se propone diseñar una «búsqueda del tiempo perdido» no sólo en una dimensión individual, sino también en una dimensión colectiva. Lo que se despliega en el Benjamin lector de Proust y de Baudelaire es una «imagen dialéctica» capaz de incorporar lo diferente a la memoria involuntaria individual, de construir, como se postula en «Experiencia y pobreza», un *llenado* político, material, del mundo, a partir de la pobreza de la

---

[92] Pablo Oyarzún, «Cuatro señas sobre experiencia, historia y facticidad», en W. Benjamin, *La dialéctica e suspenso*, ed. cit., p. 28.
[93] G. Agamben, *L'aperto*, ed. cit., p. 1

experiencia. Un llenado de la vacuidad del tiempo que hace de lo discontinuo el fundamento de la tradición y de la lectura.

De esta manera, en las llamadas «Tesis sobre la filosofía de la historia», Walter Benjamin postula, frente al tiempo lineal y evolutivo del historicismo, el *tiempo discontinuo* del materialismo histórico, que, tanto en su versión como en la de sus contemporáneos Lukács y Gramsci, poco tiene que ver con la versión expeditiva y esquemática que plantea Hayden White. Por el contrario, Benjamin elabora a lo largo de sus escritos una compleja red de relaciones entre una concepción discontinua de tiempo y una concepción no mimética ni indicial, para utilizar la terminología de H. White, de lenguaje[94].

El tiempo del historicismo es el tiempo segmentado y continuo del reloj, el tiempo que, con Benveniste (a quien, en su rápida clasificación de las teorías del signo y del lenguaje, Hayden White asimila a Saussure y a Jakobson como representantes de una concepción semiológica «del lenguaje como sistema de signos»[95]), podemos llamar «crónico», un tiempo sometido a la condición directiva (la oposición antes / después) y mensurativa (sometido a la fijación de un repertorio de unidades de medida que permite nombrar los intervalos constantes entre las recurrencias de fenómenos cosmológicos: día, mes, año, etcétera). Se trata, para Benveniste, del tiempo regulado externamente por herramientas como el calenda- rio, «exterior con respecto al tiempo»[96].

Si desde los postulados de Benveniste se piensa una teoría de la producción de la temporalidad por el lenguaje, una teoría de la enunciación temporal, desde Borges y desde Benjamin es legítimo pensar una teoría de la lectura de la historia, entendiendo

---

[94] Cfr. Hayden White, «El contexto del texto», en *El contenido de la forma. Narrativa, discurso y representación histórica* [1987], Paidós, Barcelona, 1992.

[95] Ibidem, p. 201.

[96] Émile Benveniste, «El lenguaje y la experiencia humana», ed. cit., p. 168.

ambos términos, lectura e historia, en un sentido amplio. Como es sabido, en las tesis sobre historia, Benjamin realizaría una síntesis entre sus primeras intervenciones, fuertemente influidas por la cábala y por el pensamiento «mesiánico» de matriz judía, y su segundo momento, puesto bajo el signo del descarnado materialismo estético de Brecht y del materialismo histórico.

La cuestión, de todas maneras, se presenta de manera mucho más compleja de lo que platean las habituales periodizaciones de la producción de Benjamin. Así, las Tesis, que Benjamin había pensado más bien como apuntes «sobre el concepto de historia» son el resultado de 15 años de trabajo que conducen a la elaboración de una teoría que –como la que en esos mismos años elaboraba Gramsci en las cárceles fascistas– se separa del método del historicismo evolucionista e idealista. Sin embargo, la lectura «por etapas» de la obra de Benjamin suele ser poco atenta a las complejas operaciones puestas en juego por el autor de las tesis, operaciones que ponen en evidencia la permanencia, es cierto que remitiendo a universos teóricos diversos y practicando modos de escritura diferentes, de un conjunto de problemáticas que dan cuenta del carácter precario de la experiencia, como la aporía entre praxis y lenguaje, entre texto y mundo, entre poesía y verdad.

Ya en algunos de los primeros ensayos de Benjamin, como «La tarea del traductor» o «Sobre el lenguaje en general y sobre el lenguaje de los hombres» se plantea una concepción quebrada de temporalidad y una concepción «mesiánica» de la historia que, lejos de ser superada por sus últimos escritos, constituye más bien el lugar de despliegue de una teoría materialista de la interpretación que se extrema en los últimos escritos. Así, en «Sobre el lenguaje en general y sobre el lenguaje de los hombres», Benjamin, se plantea desprender una concepción no representativa de lenguaje, con consecuencias inmensas para la concepción benjamiana de arte como lugar donde se involucra lo no representativo, de lo no mimético: el «ser espiritual» de aquello que, en tanto ser comunicable, es «ser lingüístico» se comunica *en* y no *a través* de la lengua. Por ello, la idea de lengua que Benjamin elabora en este ensayo es pensada como una idea inmediatamente política. Se trata, en efecto, de un texto escrito contra la representación «burguesa» de lengua que se sostiene en una concepción de la palabra como *medio* que expresaría un *referente*, la cosa, para un *destinatario*: una teoría burguesa que, poco después de la famosa definición saussurena de signo, se identifica con una teoría «convencionalista» del significado, opuesta a la teoría mística del lenguaje, construida sobre la base de la lectura del principio del libro del Génesis que Benjamin lleva adelante en este artículo: una teoría para la que la palabra es, sin más, la esencia de la cosa. En su ensayo sobre el lenguaje, Benjamin aborda, también, el problema de la traducción y, en consecuencia, el de la lectura. La base de estos procesos no es la identidad y el pasaje inmediato de sentido desde el texto leído-traducido-citado al lector-traducción- texto citante sino la transformación que todo proceso interpretativo conlleva:

> La traducción es la transposición de una lengua a otra mediante una continuidad de transformaciones. La traducción rige espacios continuos de transformación y no abstractas regiones de igualdad y semejanza[97].

Así como «Sobre el lenguaje en general y sobre el lenguaje de los hombres» apunta contra una concepción referencialista, «burguesa», de palabra, en «La tarea del traductor» Benjamin elabora una concepción de lengua y de arte que polemiza con el lugar determinante del lector y de la lectura. El concepto de destinatario resulta, en efecto, «nocivo para todas las explicaciones teóricas sobre el arte (…) porque éstas han de limitarse a suponer principalmente la existencia y la naturaleza del ser humano»[98]. De ahí que este texto constituya uno de los puntos

---

[97] «Sobre el lenguaje en general y el lenguaje de los hombres», en *Sobre el programa de la filosofía futura y otros ensayos*, Monte Ávila, Caracas, 1961, trad. de Héctor Murena, p. 177.

[98] «La tarea del traductor», en *Ensayos escogidos*, Sur, Buenos Aires, 1967, trad. de H. Murena.

de articulación más sólidos de una teoría de la lectura que, en muchos puntos, funciona como una alternativa a las versiones más difundidas de la hermenéutica. Como afirma Paul de Man en un ensayo dedicado a «La tarea del traductor»[99], la estética de Benjamin debe ser pensada (a la luz del primer párrafo del ensayo en el que se afirma que el concepto de «destinatario» es nocivo para todas las explicaciones teóricas del arte «por- que éstas han de limitarse a suponer principalmente la existencia y la naturaleza del ser humano») en términos de una polémica explícita con las teorías que ponen el acento en el papel del lector y que, a partir de los años 60, se unifican bajo el concepto genérico de «Teoría de la recepción».

Ello no significa que en Benjamin no encuentre, o no se re- construya, una teoría fuerte de la lectura centrada en lo que podemos llamar praxis interpretativa y una concepción no lineal y no evolutiva de historia. Por el contrario, a lo largo del artículo dedica- do a Benjamin, De Man insiste en que, a partir de la concepción benjaminiana de traducción y de lenguaje poético, es posible pensar una concepción no evolutiva y no orgánica de historia. La historia –sostendría Benjamin en «La tarea del traductor»– no puede ser interpretada en función de un proceso natural, orgánico, sino que, por el contrario, los cambios naturales deberían ser repensados des- de una perspectiva historizante. La traducción, y en esto Benjamin sostendrá su analogía con la crítica literaria y con la historia, supone la existencia de algún tipo de experiencia (el texto original) que alcanza, en ella, su «sobrevivida». La traducción no funciona, pues, como una copia del original: en su supervivencia, a través de la historia y de la traducción (o de la crítica), el original se transforma y, al mismo tiempo, se fija en una forma relativamente estable, producto de la transformación no sólo del texto original sino de la propia lengua de traducción:

---

[99] Paul de Man, «"La tarea del traductor" de Walter Benjamin», en *Acta poética*, n° 9-10, México, primavera-otoño de 1989.

> La traducción está tan lejos de ser la ecuación flexible de dos idiomas muertos que, cualquiera que sea la forma adoptada, ha de experimentar de manera especial la maduración de la palabra extranjera, siguiendo los dolores de alumbramiento de la propia lengua[100].

Leída en estos términos, la traducción se presenta como un análogo de la historia en la medida en que ésta, se desprende «de la acción pura, ya que se sigue necesariamente de actos que ya han ocurrido»[101]: en la medida en que se trata, en ambos casos, de actividades por definición no conclusivas, abortadas, fallidas, deriva- das o secundarias. En otros términos, se trata de actividades que se acercan una a otra porque en ninguna de ellas opera el principio de semejanza:

> Leen el original desde la perspectiva del lenguaje puro (*reinen Sprache*), lenguaje que estaría enteramente libre de la ilusión del significado[102].

En los textos del período «lingüístico» o «místico» de Benjamin, se despliegan los rasgos de una concepción no reproductiva de lectura que, en los textos escritos en torno a la *Obra de los pasajes*, será llevada hasta el extremo. En efecto, los fragmentos ligados con la elaboración de este monstruo textual insisten en la concepción del mundo como texto. Con todo, el método que postula Benjamin frente al texto mundo es el método «filológico que tiene en su base el libro de la vida»[103]. La historia, en consecuencia, debería ser considerada, consecuentemente, como un texto, pero no como el texto unificado por las operaciones retóricas que identifica Hayden White en su exploración de la historiografía decimonónica, sino el texto modernista, proustiano, más bien análogo a una masa hojaldrada en la que se acumula el detritus del pasado, una masa en la que se densifican las capas de la historia, como si estuviéramos (las

---

[100] Ibid., ed. cit., p. 81.
[101] Paul de Man, ed. cit., p. 275.
[102] Ibidem, p. 276.
[103] W. Benjamin, *La dialéctica en suspenso*, ed. cit., p. 8

analogías son de Benjamin) frente a un escrito en el que se cruzan diferentes variedades lingüísticas o frente a una placa fotográfica sobre la que se depositan sucesivamente diferentes imágenes sensibles. Otra vez, como en Borges, Dante (el prurilingüismo subraya- do por uno de los más grandes estudiosos de la literatura contemporáneo, Gianfranco Contini, cuyas consecuencias en la escritura de Pasolini son, como hemos visto en el ensayo anterior, enormes) y la verónica (la reproducción indicial). Son analogías que convocan, como subraya Beatriz Sarlo, un trabajo sobre los textos que es, por definición, «interminable porque los sentidos rebotan de una dimensión a otra, modificando lecturas anteriores, operando sobre la historia de lecturas». Se trata, también, de leer en los pliegues del texto «la existencia, secreta y esquiva, de un contenido de verdad que produce un saber y está tendido hacia una dimensión práctica»[104]. En Benjamin, el acto de interpretación libera al texto de la prisión del tiempo y de la tradición. Lo salva, al mismo tiempo, lo entrega al futuro. Si en «La tarea del traductor» se despliega una concepción de arte que, como ha insistido Paul de Man, parece incompatible con una concepción centrada en el lector ideal como las que postulan tanto la teoría de la recepción de Jauss y de Iser como la semiótica de la lectura de Umberto Eco, el Benjamin marxista- baudeleriano se aleja tanto del positivismo filológico como de los posicionamientos de la hermenéutica que serán recogidos en *Verdad y Método* de Gadamer[105].

Como para la hermenéutica, para el Benjamin de la *Obra de los pasajes* el ser que puede ser dicho es lenguaje y lo real puede leerse como un texto o, mejor, como los «aforismos de los

---

[104] Beatriz Sarlo, *Siete ensayos sobre Walter Benjamin*, Fondo de Cultura Económica, Buenos Aires, 2000, p. 39.

[105] «Ellos [Benjamin y Bajtin] no postulan la "fusión de horizontes" del círculo hermenéutico porque conocen la recíproca extraterritorialidad, o, de todos modos, la distancia entre texto e intérprete o entre contenido de realidad y contenido de verdad» (Romano Luperini, *Il dialogo e il conflitto. Per una ermeneutica materialistica*, Laterza, Roma-Bari, 1999, p. 77)

libros de lo acontecido». Así y todo, más que a una hermenéutica, la teoría de la interpretación que se desprende de los escritos de Benjamin remite a una *filología no positivista*, a una teoría del texto como una entidad segmentable, como escritura, como jeroglífico que el intérprete materialista debe reconstruir en su integridad, y también a una *estilística* en la que la obra de arte aparezca como una «violentación del momento», como una zona de condensación, de interrupción del flujo histórico.

La alegoría es la figura más fuerte de la concepción benjaminiana de lectura y, al mismo tiempo, uno de los puntos a partir de los cuales Borges examina algunos de los aspectos de la concepción moderna de literatura. En «De las alegorías a la novela», ensayo incluido en *Otras inquisiciones*, Borges reflexiona en torno al lugar de la alegoría en el ámbito de la novela. Para Borges, lo que se pone en juego en esta discusión es una posición típicamente moderna. En efecto, retomando los planteos de la estética croceana, desde la *Estética* de 1902 hasta *La poesía* de 1937, Borges parece sustentar, con Croce («la alegoría le [a Croce] parece monstruosa, porque aspira a cifrar en una forma dos contenidos: el inmediato y el literal» [106]), una concepción secularizante de la literatura que expulsa a la alegoría al cuarto de los objetos fenecidos. El arte, lo hemos visto, no es, para Borges, «otra cosa que forma». Por el contrario, lo que la alegoría pone en juego es una distancia entre forma y contenido, entre intuición y expresión, una distancia que hace del significante una entidad extraña- da, divergente, con respecto al significado. Leída desde la concepción de alegoría que Benjamin elabora en El origen del drama barroco alemán y que retoma en sus escritos sobre Baudelaire, la divergencia entre el autor de las Tesis y Borges parece ser absoluta. En Benjamin, se trata, para decirlo con Paul de Man, de leer la alegoría como «proceso material» por el que «el texto literario se mueve, de una dirección fenomenal orientada hacia el mundo, hacia otra gramatical orientada hacia el

---

[106] J. L. Borges, «De las alegorías a las novelas» [1949], en *Otras inquisiciones*, ed. cit., p 212.

lenguaje»[107]. Para el alemán, en efecto, la alegoría no es tanto una acumulación de tropos, sino más bien el lugar en el que se funda la condición de extraterritorialidad o de distancia entre texto y mundo: un modo, si se quiere, de *extrañar* al texto con respecto a sí mismo.

Hay dos alegorías benjaminianas desde las que es posible pensar una teoría material de la lectura que opere por discontinuidad entre texto y mundo más que por identificación de ambos conceptos. Nos referimos, por un lado, a la alegoría con la que se inicia las tesis sobre la historia, la alegoría del autómata que juega al ajedrez. Se trata, de una concepción maquínica de interpretación que, poniendo el acento en la materialidad de las prácticas, parece rechazar la dicotomía marxiana entre interpretar el mundo y cambiarlo, entre lectura y praxis. Lo que parece postular el comienzo del texto de Benjamin, en cambio, es algo tal como una praxis interpretativa, que está signada por dos rasgos fuertes: la multiplicidad, o mejor, la heterogeneidad de sus componentes, y el carácter imprevisto de sus operaciones. En el marco de una lectura «al sesgo» de la tradición marxista, para el filósofo esloveno Slavoj Zizek [108] la alegoría *maquinal* de Benjamin pone en juego una concepción de interpretación opuesta a la hermenéutica: ya no se trata, en efecto, de situar un texto en su época, de reconstruir estados temporales (Dilthey) o de contemporanizar con los hechos históricos (Croce), sino de pensar el aislamiento de un fragmento del pasado en relación con la historia. Como el poema de Emerson con cuya fallida traducción se abre «La otra muerte» –un poema que, como leemos al final del relato borgeano, «versa sobre la irrevocabilidad»[109] del pasado– la concepción benjaminiana de historia *versa* sobre la «incontemporaneidad» de la historia: la incontemporaneidad

---

[107] Paul De Man, «La lectura y la historia», en *La resistencia a la teoría,* Visor, Madrid, 1990, p.

[108] Slavoj Zizek, «Sólo se muere dos veces», en *El sublime objeto de la ideología* [1992], Siglo XXI, Buenos Aires, 2003.

[109] «La otra muerte», ed. cit., p. 79.

teológica del tiempo, introducida como el enano en el mecanismo del autómata del materialismo histórico.

En uno de los apuntes ligados con el texto sobre el concepto de historia, la teología es, para Benjamin, objeto de una nueva comparación:

> Mi pensamiento se relaciona con la teología como el papel secante con la tinta. Está completamente empapado en ella. Pero si dependiera del papel secante, no quedaría nada de lo escrito[110].

El fragmento permite ahondar en una concepción de lectura como práctica material sobre un objeto histórico que, como insiste Benjamin a lo largo de las tesis y de los fragmentos ligados genéticamente con ellas, es producto no de una re-evocación sino de un trabajo que no puede eludir la materialidad (en este caso, la materialidad de la escritura que permanece sobre el papel). Los objetos con los que trabaja el materialista histórico no son objetos pura- mente re-evocados, sino que, apelando a la metáfora que Benjamin adopta en la quinta tesis, éste opera con una «imagen que relampaguea en el instante de su cognoscibilidad para no ser vista ya más»[111]. Se configura de esta manera una concepción de la historia como texto que, sin embargo, no se ubicaría, si seguimos la hipótesis de Zizek, en el campo de la hermenéutica[112]: si el concepto clave de la concepción hermenéutica de la lectura es el de *Einsfühlung* (la empatía, que en la tesis VI, Benjamin llama «pereza del corazón», «acedia», «Tristeza», un concepto que, como en Spinoza, remite a una «empatía con el vencedor»), el materialista histórico opera en el ámbito del *Eingedenken*, que suele traducirse como «conmemoración» (en la traducción de Aguirre)[113] o «remembranza» (en la de Oyarzún). Se trata, con la *Eingedenken*, de apropiarse del pasado de manera interesada. De

---

[110] W. Benjamin, *La dialéctica en suspenso*, ed. cit., pp. 81-2.
[111] Ibidem, p. 50.
[112] S. Zizek, ed. cit., p. 183.
[113] Tesis de filosofía de la historia», en *Discursos Interrumpidos*, Taurus, Madrid, 1973.

una operación política puesta en juego no tanto por un individuo sino más bien por un sujeto colectivo: la clase oprimida, el proletariado. De esta manera, la asimetría de las clases se manifiesta, también, en los sentidos de la historia. La clase oprimida se apropia del pasado en la medida en que éste se presenta como un «pasado abierto», como el lugar mesiánico del «anhelo de redención». Frente al evolucionismo stalinista o socialdemócrata y al relativismo idealista, la praxis revolucionaria es una praxis política del tiempo. El tiempo como «pura repetición», el pasado que «viene del futuro». La revolución, en este caso, no es parte de la evolución histórica, sino que es un momento de «éxtasis».

La segunda alegoría desde la que nos proponemos pensar una teoría material de la lectura en Benjamin es la del ángel de la muer- te, la del *Angelus novus* del aguafuerte de Klee que campea sobre la novena de las tesis. Es el ángel de la historia: el que contempla, en un rapto, las ruinas de ésta. Allí donde el historicismo lee un *continuum*, el ángel de la historia no ve sino ruinas que son, en un punto, irrecuperables, pero que todavía pueden ser, por un instante, divisadas.

En uno de los apuntes de la *Obra de los pasajes*, Benjamin insiste en el «volver las espaldas» de la alegoría angélica. Se trata del fragmento titulado «El ahora de la cognoscibilidad»: allí, no es el ángel sino el historiador el profeta oximorónico quien tiene la espalda vuelta hacia el futuro, no para que, «transportándose a un pretérito remoto, profetiza lo que para éste había de valer todavía como futuro», sino como una manera de historizar el presente:

[E]l historiador le vuelve las espaldas a su propio tiempo, y su mirada de vidente se enciende en las cimas de las generaciones humanas anteriores que desaparecen cada vez más profundamente en el pretérito. Esta mirada de vidente es aquella a la cual el propio tiempo le es más nítidamente presente que a los contemporáneos que «están al día». No en vano define

Turgot el concepto de un presente que representa el objeto intencional de una profecía como un concepto esencial y fundamentalmente político[114].

La historia materialista no es, en este sentido, una mera construcción, un mero aparato retórico, sino un violentamiento del presente como instante inserto en el flujo del devenir temporal. Es una crítica del instante. En todo caso, allí están las ruinas de la historia que no pueden dejar de verse y ante las que el silencio, o el balbuceo, e, incluso, el apartamiento del mundo[115], parecen ser la única alternativa.

A fines de la década el 30, cuando Benjamin está escribiendo las tesis sobre el concepto de historia, Freud publica el artículo sobre *Construcciones en el análisis* (1937). En él se plantea la recuperación del pasado del sujeto sobre la base de una figura retórica que suele conectarse con la alegoría: la analogía. En efecto, Freud examina el problema de la «recuperación» del pasado comparando ese trabajo discursivo con una excavación arqueológica. Sin embargo, a diferencia de los restos arqueológicos que se ofrecen materialmente a nuestra inspección, el análisis opera con construcciones hipotéticas producto de la exhumación en la que la única certeza es la incerteza. Para el Freud de *Construcciones en el análisis*, el trabajo del analista es, más que un trabajo de interpretación (que opera «con un elemento singular del material, una ocurrencia, una operación fallida»), una construcción sobre jirones desfigurados por todos los factores que participan de la formación del sueño.

Tanto en Freud como en Benjamin, se diseña el programa de una concepción material de historia que expulsa la noción de

---

114 W. Benjamin, *La dialéctica en suspenso*, ed. cit., p. 85.

115 «Los temas de la regla conventual asignada a los frailes tenían por misión apartarlos del mundo y sus afanes. Las reflexiones que seguimos aquí han surgido de una determinación singular» (Ibidem, pp. 54-5).

contemporaneización y que exige ser leída, más bien, en términos de construcción de un tiempo histórico para el sujeto a través del desenterramiento de su pasado. Es, como un proceso de producción de una memoria otra, de una memoria en el que, como en el recuerdo infantil de Goethe que Freud analiza en un breve artículo de 1917, «cuando intentamos recordar lo que en nuestra primera infancia nos sucedió nos exponemos a confundir lo que otras personas nos han dicho con lo que debemos realmente a nuestras observaciones personales» [116] : leer la historia es rearticular un «horizonte de sentido en el que se inscriben los sucesos del pasado y del presente. Es algo que, con esta forma, antes no existía» o, en otros términos, es un modo de «construir el tiempo en una perspectiva histórica».

Como el arqueólogo freudiano, el lector materialista extrae su objeto del *continuum* del pasado[117]. La concepción materialista de historia supone, en este sentido, un momento destructivo, un momento en el que se desmonta la continuidad histórica que se quiere «natural» [118]. Esta «reconstrucción» histórica puede pensarse, a la luz de la tesis II, como el producto de la puesta en juego de una «fuerza débil». Se trata, es claro, del oxímoron y de la paradoja, las mismas figuras (retórica y lógica) que hemos convocado al comienzo de este trabajo para leer los ensayos borgeanos. Si la «fuerza fuerte», que proyecta el presente

---

[116] S. Freud, «Un recuerdo infantil de Goethe en Poesía y verdad» [1917], en Obras completas, V. XIII, Hyspamérica, Buenos Aires, 1993, p. 2437.

[117] «De hecho, en el curso continuo de la historia, no se puede visualizar en absoluto un objeto de la historia. Y desde siempre la historiografía ha sencilla- mente extraído un objeto de este curso continuo», W. Benjamin, *La dialéctica en suspenso*, ed. cit., p. 149.

[118] Un concentrado análisis de la noción de progreso puede hallarse en la tesis XIII de «Sobre el concepto de historia». Allí, la teoría y la práctica políticas socialdemócratas se encuentra determinada por el concepto de progreso, como concepto que implica tres cuestiones: a) el progreso del conjunto de la humanidad; b) el progreso como proceso sin término, como infinita perfectibilidad de la humanidad; c) el progreso como proceso incesante, como curso recto o espiral espontáneo.

al pasado y sólo encuentra en el pasado la preconfiguración del presente, es la baraja que juega el fascismo y, también, la socialdemocracia, la fuerza débil se choca con la pura materialidad del pasado. Se trata, en efecto, de una historia que podemos llamar *pática* en la que el pasado es recibido, acogido, *oído* por el presente y en la que éste, a su vez, resiste el carácter mistificador, puramente afirmativo, de la fuerza fuerte.

A la luz de la *fuerza débil*, el pasado es algo del orden de lo trunco. En las tesis, el pasado se configura como el espacio de una temporalidad precaria. Como el tiempo del coleccionista que Benjamin analiza en el ensayo dedicado a Fuchs, el tiempo de las «clases revolucionarias en el momento de su acción» (Tesis XV) es el tiempo en el que opera la conciencia de hacer saltar el continuum temporal. Se trata, como afirma Benjamin, de un tiempo en el que la cosificación, para decirlo con el Lukács de *Historia y conciencia de clase*, representada por las horas marcadas en el reloj es hecha saltar por los aires, como en los días de la comuna. El espacio de la historia natural no coincide pues con el espacio unificado por las constantes retóricas y discursivas que ensambla Hayden White en su *Metahistoria*, sino con el espacio en que se pone en juego algo que se inscribe en el ámbito de la *Unheimlichkeit*. El espacio en el que quien enuncia se hace extranjero al lenguaje y al orden. El espacio no del retórico o del hermeneuta, del «pequeño pedagogo» [119], sino el espacio del archivista para quien el mundo, como en la apostilla borgeana a la «Nueva refutación del tiempo», desgraciadamente es real.

De esta manera, la historia en Benjamin se configura como una «historia plural». El texto histórico es el texto de las pluralidades históricas, análogo a un atlas lingüístico que mapea la in- trincada pluralidad dialectal que introduce la segmentación y la hibridez en la superficie de las lenguas. Entendida en estos términos, la historia se articula como saber material que, en algún

---

[119] Michel Foucault, «Mi cuerpo, ese papel, ese fuego» [1972], en *Historia de la locura en la época clásica*, FCE, México, 1978, T. II, p. 371.

punto, parece recordar el pasaje freudiano del desarraigo de lo siniestro al tiempo *construido* de «Construcciones en el análisis». El saber del archivista es el saber de la discontinuidad, el saber de la crisis de un cierto orden económico y político: el saber de la «dialéctica en suspenso» que, según la tesis XIII, «no corresponde sólo al movimiento de las ideas, sino también a su detención».

APUNTES (II). EXCURSUS EN TORNO A LA LECTURA

A.   En su ensayo sobre la lectura en Proust, Paul de Man sostiene que la metáfora, en la medida en que «Trasciende la singularidad en sus encarnaciones particulares», funciona como una garantía del arte como institución «permanente» [120]. La urdimbre de la institución literaria como esfera autónoma tendría, en consecuencia, una *configuración trópica*, un *tejido figuracional* que la lectura crítica, si tal cosa pudiera ser concebida a partir de la noción de lectura que despliega De Man a lo largo de *Alegorías de la lectura* y de sus otras intervenciones escritas, debería desmontar con las armas de la retórica. Parafraseando a Derrida, De Man puede afirmar que su modo de lectura no es una operación crítica, sino que, más bien, toma a la crítica como su objeto y que tiene como objetivo relevar las articulaciones y fragmentaciones ocultas dentro de las totalidades que se aceptan como monádicas[121].

Sin embargo, un análisis más detenido de los textos de De Man permitiría poner de relieve hasta qué punto se trata en verdad de una noción de lectura que se piensa a sí misma como una lectura aideológica. En efecto, a pesar de los ataques furibundos de Said al carácter nihilista y despolitizador de la deconstrucción y de la lectura retórica de De Man, términos como «desmontar» o «relevar» reinstalan una escena de la lectura como manantial de algún tipo de *verdad*. Frente a concepciones confirmatorias del espacio autónomo de lo estético, la lectura retórica postulada por De Man se piensa a sí misma como un modo de volver a plantear la pregunta por la *verdad* de las prácticas estéticas y acerca del *estatuto de verdad* de la crítica literaria[122]. En última instancia,

---

[120] P. De Man, «Lectura (Proust)», en *Alegorías de la lectura*, Lumen, Barcelona, 1990, p. 88.

[121] P. de Man, Alegorías de la lectura, ed. cit., p. 289.

[122] «Cuando Derrida es cauteloso e indirecto, de Man escribe según un papel crítico más tradicional, afirmando didácticamente lo que

como sostiene De Man en relación con Nietzsche, en la lectura retórica «se reconoce y afirma el valor de verdad de la literatura, pese a ser un valor negativo»[123], un valor de verdad que exhibe la máscara cínica de la retórica (se trata, en efecto, de pensar el rostro de la verdad como un rostro afeitado, afectado, que evidencia sus maneras y su pátina cosmética) que cubre, inevitablemente, toda rostridad históricamente configurada.

La instancia de la retórica equivale, en De Man, a la inscripción del texto en tanto letra. Frente a la lectura como operación histórica, lo que articula De Man es una lectura atenta a lo que él denomina, con claras reminiscencias lacanianas, el «juego del significante» o, más transparentemente, la «instancia de la letra» que, en un punto, existe al margen de la voluntad y de la subjetividad del intérprete. En lo relativo a este punto, la retórica es una modalidad *literal* de lectura. Se trata, es verdad, de una concepción de lectura que, como lo ha demostrado Rorty en su discusión con la teoría semiótica de la lectura postulada por Eco, supone algo tal como el cruce entre la serie de sentido del texto y la serie de sentido del sujeto. En efecto, según De Man:

> La deconstrucción no es algo que hemos añadido al texto, sino que es algo que está constituido en primer lugar en el texto. Un texto literario afirma y niega al mismo tiempo, simultáneamente, la autoridad de su propio mundo retórico y leyendo el texto tal como lo hemos leído, tan sólo tratábamos de aproximarnos a la condición de lector riguroso que el autor ha de asumir para escribir la frase en primera instancia. La escritura poética es el modo más avanzado y refinado de deconstrucción; puede diferir

---

cree verdad, advirtiéndonos con confianza de lo que en realidad dice el texto, sabiendo al mismo tiempo, como siempre han sabido los críticos en su esperanza de que pudiera ser de otra forma, que la temporalidad de la lectura y la interpretación hace que cada afirmación esté sujeta a una relectura y a una consideración del error» (Jonathan Culler, *Sobre la deconstrucción*, Cátedra, Madrid, 1998, p. 239).

[123] P. De Man, «Retórica de los tropos (Nietzsche)», en *Alegorías de la lectura*, ed. cit., p. 127.

de la escritura crítica o discursiva en cuanto a la economía de su articulación, pero no en cuanto a su especie[124].

La lectura, dice De Man, no es nunca del todo «nuestra» lectura. Entre el texto y el lector se instala un hiato que, en definitiva, resulta imposible de llenar. El cruce de las series subjetivas y de las series textuales produce una lectura en la que no hay síntesis ni *Einführung* concebibles (como lo plantea la hermenéutica desde Dilthey o la estética idealista desde Croce) sino un desajuste permanentemente desplazado. En definitiva, la lectura, más que como un símbolo encarnado históricamente, se presenta, en la estela del Benjamin de *El origen del drama barroco alemán*, en términos de alegoría, es decir, de una no coincidencia entre letra y contenido que supone, con todo, una focalización de la primera:

> La alegoría nombra el proceso retórico por el cual el texto literario se mueve en una dirección fenomenal , orientada hacia el mundo, hacia otra gramática, orientada hacia el lenguaje[125].

B.   En la alegoría (como insiste De Man en relación con el episodio de la Caridad de *Por el camino de Swann*, con los cruces entre escritura y figuración, iconicidad y simbolismo, literatura y artes plásticas, *alegorema* nunca coincide con *alegoresis*)[126], el significado aparece siempre desplazado: como la hora de la verdad o la hora de la muerte, nunca llegan a tiempo. De ahí que el modelo de lectura que asume De Man se remita, en muchos aspectos, a la noción de retórica que se desprende de los escritos de Peirce, es decir, a la noción de retórica como uno de los puntos de articulación del proceso de «semiosis ilimitada» como cadena del significante en el que el significado nunca

---

[124] P. De Man, «Semiología y retórica», ed. cit., p. 33.

[125] P. De Man, «La lectura y la historia», ed. cit., p. 108.

[126] P. De Man, «Lectura (Proust)», ed. cit., p. 89.

coincide consigo mismo, sino que siempre se presenta *desplazado* en el significante:

> Para Peirce, la interpretación de un signo no es un significado sino otro signo; es una lectura, no una decodificación, y esa tal lectura, a su vez, ha de ser interpretada por otro signo, y así *ad infinitum*[127].

La lectura, entonces, es del orden de la terceridad, es decir, del orden de lo simbólico y del orden de la ley. Es, en última instancia, la inscripción en un espacio significante y no, en consecuencia, una operación referencial:

> A través de la lectura nos metemos, por así decirlo, dentro de un texto que, en un primer momento, ha sido ajeno a nosotros y que ahora hacemos nuestro por un acto de comprensión. Pero esta comprensión se convierte, de inmediato, en la representación de un significado extratextual; en términos de Austin, el acto de habla ilocutivo se convierte en un acto de habla perlocucionario; en términos de *Frege, Bedeutung* se convierte en *Sinn*[128].

La lectura retórica se asemeja, en este punto, a la llamada «lectura atenta», la *close reading* que en la tradición académica norte- americana se asocia con el nombre de Rouben Brower, una lectura de «los textos en cuanto textos» en el que los estudiantes lectores no debían pasar «inmediatamente al contexto general de la experiencia o de la historia humana»[129]. La retórica en De Man, en la herencia del Nietzsche de las lecciones juveniles de Basilea, se entiende, sustancialmente, como una trópica, es decir, una crítica que se sustenta en el «modelo retórico del tropo o, si se

---

[127] P. De Man, «Semiología y retórica», ed. cit., p. 22.

[128] Ibid., p. 30.

[129] P. De Man, «El regreso de la filología», en *La resistencia a la teoría*, cit., p. 42.

prefiere llamar- lo así, de la literatura»[130]. En este sentido, una lectura retórica como la que postula De Man se presenta como una lectura que impugna las pretensiones de estabilidad que pueden derivarse de la retórica entendida como un componente más del *trivium* del lenguaje. Lejos de sustentarse en la contigüidad afirmativa de gramática y retórica, la lectura retórica se presenta como la única que puede abordar el carácter trópico de la literatura, es decir, su carácter literario. La lectura retórica es, ella misma, una lectura trópica. No hay, en última instancia, metalenguaje.

C.   Se trata, es cierto, de una retórica que se presenta no tanto como una máquina retórica, como la máquina barthesiana que se expone en «La retórica antigua», ni tampoco con el imperio retórico explorado por Chaïm Perelman[131]. Lo más cercano a la lectura retórica planteada por De Man sería, para Said, la alegoría del mundo como libro tal como se plantea en ciertas formas de la tradición del alto modernismo, como la poética de Mallarmé, es

---

[130] P. De Man, «Semiología y retórica», ed. cit., p. 29. Para el lugar del tropo en Nietzsche como «paradigma lingüístico por excelencia», cfr. sobre todo el capítulo «Retórica de los tropos (Nietzsche)» de *Alegorías de la lectura*, fundamentalmente pp. 128-30. Para el lugar de estas afirmaciones de De Man en el marco de la lectura francesa (Lacoue-Labarthe, Nancy, etc.) de los escritos retóricos de Nietzsche, remitimos a Luis Enrique de Santiago Gervós, «El poder de la palabra: Nietzsche y la retórica», en F. Nietzsche, *Escritos sobre retórica*, Trotta, Madrid, 2000.

[131] Cfr. Roland Barthes, «La antigua retórica», en *La aventura semiológica*, Paidós, Barcelona, 1988; y Chaïm Perelman, *El imperio retórico*, Norma, Bogotá, 1997. Sí, en cambio, encontramos puntos de contacto entre la lectura retórica de De Man y la «retórica erótica» como «dimensión amorosa del escribir» que postula Roland Barthes en el prefacio de los *Ensayos críticos* [1964]. Allí, en efecto, Barthes llega a afirmar el carácter inherentemente retórico de todo discurso: «[la retórica] está vinculada no sólo a toda literatura, sino incluso a toda comunicación, desde el momento en que quiere hacer comprender al otro que lo reconocemos» (R. Barthes, «Prefacio» a *Ensayos críticos*, Seix Barral, Buenos Aires, 2003, p.16).

decir, la concepción de literatura como una topografía escrituraria que remite, aun con sus quiebres, con su afasia y con sus cesuras, a su propio espacio significante. La tarea de la crítica, por ello, es la de instalar una *seguridad negativa* o una *certeza negativa*, que pone el acento en el carácter retórico, es decir, trópico, de la discursividad literaria, que se revela como

> ...una vasta red temática y semiótica que estructura el con-junto de la narración y que se mantenía invisible a los ojos de un lector atrapado en la ingenua mistificación metafórica[132].

La tarea de la crítica afirma el teórico palestino Edward Said polemizando de manera explícita con De Man, es ofrecer resistencias a la teoría, esto es, enfatizar los lugares en los cuales la «realidad histórica, a la sociedad, a las necesidades e intereses humanos»[133] se encarnan en el texto y, en consecuencia, obligan a leer a éste en términos de *mundaneidad*. Anclar a la teoría, que se manifiesta siempre como deficiente, *afásica*, *disléxica* en relación con el mundo, en un determinado lugar.

Empero, como parece reconocer en algunos aspectos el propio Said, la posición de la reconstrucción con respecto a la crítica y a la escritura en general no se reconoce como una práctica completamente aislada y sin implicaciones políticas, sino más bien como una práctica que involucra algo del orden de la ideología, entendida no tanto como la puesta en juego de un conjunto de contenidos, de valores y de representaciones, sino más bien como un modo de operar en el orden de la forma. En efecto, las posiciones de De Man han sido caracterizadas, en general, agrupándolas con las de Jacques Derrida, como «deconstrucción nihilista» o hard-core, en palabras del español Axel Barceló, o

---

[132] P. De Man, «Semiología y retórica», ed. cit., p. 30.

[133] E. Said, «Teoría ambulante», en El mundo, el texto y el crítico, Debate, Bue nos Aires, 2004, p. 323.

«antihumanista», en las del italiano Romano Luperini[134]. En Said, la crítica a las posiciones identificadas como deconstructivas se plantea como una crítica a la exacerbación del acento en la «reproducción de la reproducción» en la que todo tipo de contacto entre texto y mundo aparece no negada sino sometida a un estado de sucesión teórica y de estupefacción crítica por las cuales no se podría sino afirmar su propia configuración retórica.

Se trataría, en todo caso, de la puesta en juego de una concepción de lectura que, en última instancia, rechazaría la sola posibilidad de una ligazón histórico-cultural, en un paisa- je fragmentado hasta tal punto que lo único que en él puede seguir operando es una «irrefrenable voluntad de potencia». Con todo, habría que revisar a partir de la crítica de Said a los postulados de De Man aquello que involucra lo ideológico – como se plantea, de manera explícita, en *La resistencia a la teoría*[135]– aun cuando se trate, como afirma Martin Jay, del re- torno solapado de del «viejo programa formalista [inseparable del momento alto modernista del arte del siglo XX] de desnudar el artificio»[136].

---

[134] Axel Barceló, «Harold Bloom y la deconstrucción pragmática», en F. Penelas, V. Tozzi, et al. (comps.), El giro pragmático en filosofía, Gedisa, Barcelona, 2003; Romano Luperini, *Il dialogo e il conflitto. Per una ermeneutica materialistica*, ed. cit

[135] «Lo que llamamos ideología es precisamente la confusión de la realidad lingüística con la natural, de la referencia con el fenomenalismo. De ahí que, más que cualquier otro modo de investigación, incluida la economía, la lingüística de la literalidad sea un arma indispensable y poderosa para des- enmascarar aberraciones ideológicas, así como un factor determinante para explicar su aparición. Aquellos que reprochan a la teoría literaria el apartar los ojos de la realidad social e histórica (esto es, ideológica) no hacen más que enunciar su miedo a que sus propias manifestaciones ideológicas sean reveladas por el instrumento que están intentando desacreditar. Son, en resumen, muy malos lectores de *La ideología alemana de Marx*» («La resistencia a la teoría», ed. cit., p. 23).

[136] Martín Jay, «Ideología y ocularcentrismo», en *Campos de fuerza*, ed. cit., p. 265.

APUNTES (III). MÁQUINAS Y FILTROS DE LECTURA[137]

En una entrevista de 1966, Pasolini afirmaba que Eco representaba algo así como la quintaesencia del intelectual italiano que «conoce todo aquello que se puede conocer y te lo vomita en la cara de la manera más indiferente». «Es como si escucharas un robot», contestaba Pasolini, de visita en Nueva York, a Oriana Fallaci. *Sobre literatura* es la última arcada de ese mecanismo filológico que lo ha leído todo, desde la Summa contra gentiles hasta Los misterios de París mientras escucha a Madonna, mira Carramba, che fortuna! u hojea viejos números del Halcón Maltés y Charlie Brown.

Si hay algo que define las intervenciones ensayísticas de Eco es la apelación constante a la ironía y la capacidad de trabajar con registros y textualidades de diversa calidad y procedencia. Quizá como una permanencia de los breves e ingeniosos escritos que durante los años 60 había publicado en la revista *Il verri* – reunidos en el primer *Diario mínimo*–, libros como *Il costume di casa* o *Dalla periferia dell'impero* hacían proliferar, canibalizaban, amaneraban las regularidades del discurso académico, del periodismo, de la literatura, como en el «Pierre Menard» de Borges, ese texto que siempre retorna en los libros de Eco. *Sobre literatura* se instala en el umbral que conecta la producción teórica (*Obra abierta, Tratado de semiótica general, Kant y el ornitorrinco*) y la producción crítico-mediática de Eco. Con todo, probablemente como parte de la estrategia de construcción de ese personaje público que es desde hace décadas Umberto Eco –catedrático en Bolonia, profesor itinerante, escritor global, rico vecino de Milán, columnista de *L'espresso*, monje *part time* del viejo monasterio que ha comprado en la campiña de Le Marche–, lo que se articula en *Sobre literatura* es discurso

---

[137] Publicado bajo el título «¿Quién educa?» en *Radarlibros* en mayo de 2003.

crítico y autobiografía, un poco al modo del *Ecce homo* nietzscheano. Es posible, en consecuencia, reconstruir el relato de vida desplegado en filigrana a lo largo de los diferentes artículos compilados en *Sobre literatura*: rearmar un libro de memorias cuyos capítulos podrían titularse «Mis primeras lecturas» o «Yo también fui un joven militante católico», o «El sueño americano» o «Cómo leyó la crítica el *Péndulo de Foucault*?» o «¿Por qué escribí *Baudolino*?» o «Mis autores predilectos».

Predominan en *Sobre literatura* las consabidas afinidades electivas de Eco: Joyce, Borges, Nerval. Del primero, a cuyo estudio Eco dedicó la segunda parte de *Obra abierta* –publicada independientemente como *Las poéticas de Joyce*– se examina sobre todo la etapa juvenil (el catolicismo, el tomismo, el medioevo: obsesiones que son también las de Eco). El artículo sobre Joyce es uno de los lugares del libro donde el robot filológico funciona más brillante y desquiciadamente: los escritos del autor del Ulises son puestos en relación no sólo con las más o menos obvias referencias a Dante (sobre todo con la teoría del lenguaje que se desarrolla en *De vulgari eloquentia*), sino también con algunas de las zonas más intrincadas del Medioevo (del que Eco es, huelga decirlo, experto, como lo confirman su tesis de licenciatura sobre Santo Tomás y el tratado sobre *Arte y estética medieval*), con especial referencia a la Irlanda de los primeros siglos cristianos, a sus códices iluminados y a sus gramáticos. Por otro lado, en «*Entre* La Mancha y Babel», el autor de *El nombre de la Rosa* aborda, a partir de la noción de *intentio operis*, el lugar de Borges en la constitución de la literatura postmoderna como paradigma de escritor hipertextual. En otro artículo dedicado al autor argentino, «Borges y mi angustia de la influencia», Eco reconstruye y periodiza sus lecturas de la obra borgeana, desde los lejanos años de los pastiches y parodias que hubiera que- rido compilar bajo el título de *Piccola Borgesia* (por *Piccola* borghesia, título de una novela de Vittorini de 1931) hasta las más conocidas referencias que prodiga su novela más famosa (Jorge de Burgos; el mundo como biblioteca; la biblioteca como laberinto; el mundo, entonces, como laberinto). Asimismo, *Sobre literatura* incluye un análisis de «Sylvie», el brumoso relato de Gerard du Nerval, un texto al que Eco debe mucho de su teoría de la lectura como puesta en funcionamiento de una «macchina pigra», a veces lagunar, a veces recurrente, pero siempre con zonas de indeterminación que desencadenan un complejo juego abductivo de hipótesis e inferencias intertextuales.

En muchos sentidos, *Sobre literatura* es una interzona cultural hecha de cruces y de amontonamientos. Además de artículos sobre la tríada Nerval-Joyce-Borges, en *Sobre literatura* se compilan textos dedicados a Wilde y el aforismo, al *Manifiesto* de Marx (en serie con las *Catilinarias* y el discurso de Marco Antonio ante el cadáver de César, pero también con la novela gótica romántica y prerromántica), a la *Poética* aristotélica (cuyo lugar en toda la producción de Eco es tan importante como las de Joyce y Borges, aunque menos estudiado), al *Paraíso* de Dante («es la apoteosis de lo virtual, de lo inmaterial, del puro software, sin el peso del hardware terrestre e infernal, cuyos desechos quedan en el Purgatorio»), etc., etc., etc.

Desde hace décadas, Eco viene polemizando con algunos aspectos del llamado postestructuralismo, en especial con ciertas interpretaciones norteamericanas de la deconstrucción. En *Sobre literatura* la polémica adquiere tonos más bien sutiles. Para encontrarla, hay que internarse muy a fondo en artículos como «Sobre el estilo», «Sobre el símbolo» y «La fuerza de lo falso». Como se des- prende del análisis del dispositivo textual de *Sobre lo sublime* de Longino (después de su rehabilitación a manos de Lyotard, un libro de culto en los círculos neoherméticos) que Eco plantea en «Sobre el estilo», la crítica –¿aristotélica?– consiste en desmontar, frente a la, a esta altura, inane idea de la infinitud de lecturas, la retórica (es decir, la política) que está en la base de la producción de sentido de los textos y en preguntarnos qué se lee en ellos y con qué protocolos. O, lo que es lo mismo: la cuestión política central que plantea la crítica es el problema de quién enseña y qué aparatos, qué robots, qué máquinas se encargan de filtrar textos y lecturas.

APUNTES (IV). ESTADO DE EXCEPCIÓN[138]

El campo, decía Giorgio Agamben en los 90 (los años de la guerra de los Balcanes y del reencuentro de Europa con las imágenes de los esqueletos vivientes que llegaban desde la ex Yugoslavia), es el paradigma biopolítico de Occidente. Es una sórdida máquina que produce una entidad suspendida entre lo humano y las meras funciones vitales: la *nuda vida*. Este proceso tiene la forma de un monstruoso ser de dos rostros: la política de Estado moderna no es sólo la producción permanente de vidas al límite, sino también el campo de aplicación de un estado de excepción. Es en este segundo rostro -actualizado por el «order military» de Bush que autoriza la «detención indefinida» de los ciudadanos extranjeros sospechados de estar relacionados con «actividades terroristas»- donde se concentra el último libro de Agamben, llamado precisa- mente *Stato di eccezione*.

El libro se postula como parte de la serie de textos reunidos bajo el título general de *Homo Sacer*. Como en el primer volumen de la serie (*El poder soberano y la nuda vida*, Einaudi, 1995), en *Stato di eccezione* el punto de partida es la teoría política del controvertido jurista alemán Carl Schmitt, autor de la *Teología política* (1922) y miembro desde 1933 del partido nazi. En la *Teología*, en *La dictadura* y en otros textos menores, Schmitt desarrolla el concepto de estado de excepción como respuesta inmediata del poder estatal a los conflictos políticos más extremos. De este modo, ubica el concepto en una «zona última» del derecho en el que éste se roza (no sin consecuencias) con la política (o mejor, como diríamos después de Foucault, de la *bio*política). Aunque la reflexión sistemática sobre el concepto es producto de los convulsionados años de la República de Weimar, para Agamben la noción de estado de excepción no solamente resiste

---

[138] Reseña de *Stato di eccezione* de Giorgio Agamben (Bollati Borinhieri, Turín, 2003), publicada en la revista *Otrocampo* de Buenos Aires. Ahora hay traducción castellana de Flavia e Ivana Costa en Adriana Hidalgo.

el paso del tiempo, sino que, incluso, ha alcanzado en los últimos años su máximo desarrollo. En otras palabras, se ha transformado en el paradigma mundial de gobierno.

Para Agamben, el estado de excepción no plantea cuestiones que se limitan al ámbito de las discusiones estrictamente jurídicas. Al contrario: con él, se instala un espacio de indecisión (ese mismo espacio en el que se produce la nuda vida) en el que la lógica de la ruptura radical del sistema jurídico y la lógica de su sostenimiento hasta las últimas consecuencias (para decirlo en otros términos, la lógica revolucionaria y la lógica conservadora) se agotan frente a un estado de suspensión de la ley. El modo de describir el funcionamiento de este estado es, básicamente, topo- lógico: el estado de excepción es un lugar vacío en el que reside la paradoja constitutiva de todo orden jurídico: ¿desde qué lugar, que todavía no es legal, se instaura o se mantiene ese orden? ¿Desde el afuera de la ley?

En el concentrado centenar de páginas de *Stato di eccezione*, Agamben lleva adelante un minucioso trabajo etimológico que, en la estela de Nietzsche y Foucault, diseña el espacio de una pesquisa genealógica particularmente atenta al momento de la distinción semántica y de la paradoja. Así como en *Homo Sacer I* la nuda vida se piensa en función del concepto religioso y jurídico de lo sacro (*sacer*), Agamben recorre en este libro las transformaciones del concepto de estado de excepción desde sus fundamentos en el derecho romano hasta las implicancias de las disposiciones jurídicas puestas en funcionamiento por la administración Bush luego del 11 de septiembre de 2001 que tienden a hacer del mundo el espacio de despliegue de un escalofriante estado de excepción permanente.

A lo largo de *Stato di eccezione*, Agamben entrelaza conceptos, teje etimologías, despliega series de sentido, corrige, borra y, como buen editor (o filólogo), enmienda. El centro del ensayo está dedicado a un detallado estudio de las idas y vueltas en torno al concepto en los escritos de Schmitt y de Walter Benjamin. En este punto, Agamben plantea la hipótesis de que, más allá de las referencias (algunas elogiosas) del escritor judío al jurista del Reich, el concepto schimittiano de estado de excepción es, centralmente, producto de la polémica con algunas de las tesis del ensayo «Para una crítica de la violencia» que Benjamin publicó en 1921 en el *Archiv für Sozialwissenschaften und Sozialpolitik*. Schmitt habría intentado reterritorizar un concepto (el de «violencia pura») que, en Benjamin, escapa tanto a la violencia que instaura derecho como de la que lo conserva. A la inversa, la descripción benjaminiana del soberano en *El origen del drama barroco alemán* es, para Agamben, una referencia crítica al concepto schmittiano de decisión que el jurista elabora como componen- te central de su teoría de la soberanía.

Como en *L'aperto* (el libro que precede a *Stato di eccezione*), Benjamin es el punto de llegada al que Agamben parecería no poder sustraerse. Así, es en uno de los últimos textos escritos por Benjamin donde se plantea de manera más certera y dramática el lugar del estado de excepción en la constitución del orden jurídico contemporáneo. La octava de las llamadas «Tesis de la filosofía de la historia» (que Agamben, recordamos, amplió con su hallazgo de la hasta entonces inédita tesis XVIII adicional en la Biblioteca Nacional de París) describe, en efecto, un tiempo político regido por un permanente estado de excepción. Para Agamben, no se trata tan sólo de una referencia de Benjamin a la situación político-jurídica instalada en Alemania inmediatamente después de que Hitler se hiciera cargo de la cancillería del Reich. Más bien, la tesis anuncia un futuro en el que «la humanidad jugará con el derecho como los niños juegan con los objetos de uso, no para restituirlos a su uso canónico, sino para liberarlos definitivamente de ellos». *Stato di eccezione*, escrito en plena caída en la «guerra civil mundial», nos interpela en la medida en que registra las tensiones de un campo de fuerzas que no cesa de desplegarse desde el fin de la segunda guerra mundial. Un espacio tensionado entre anomia y ley del que se sale siguiendo la sabia actitud de Alejandro ante el nudo que le velaba la gloria y los lujos del Asia. Como leemos hacia el final del texto, «verdaderamente política es sólo la acción que cercena el nexo entre violencia y derecho». Una praxis excitante, pero difícil de asir e imposible de representar. Una fuerza pura que se emparienta con el materialismo trágico de un Job, de un Bartleby, de un Joseph K. Un medio sin fin.

DESVÍO Y MULTITUD. POLÍTICAS DE LO EPISTOLAR

A Daniel Link

Lo popol disviato si raccorse. Par. XII, 45.

En los últimos años, los escritos del filósofo italiano Antonio Negri han adquirido, tanto en el campo de la Filosofía Política como en las mareas de los estudios culturales, una importancia creciente. Los textos de Negri –que abordan desde el joven Marx hasta Leopardi, desde Spinoza hasta la redefinición de la noción de proletario, y que, en muchos casos, son traducidos, descifrados y puestos en circulación a través de verdaderos laboratorios teórico-políticos–, son leídos no sólo en el ámbito estrictamente universitario, sino también, y sobre todo, en un contexto más amplio que difícilmente coincida con el de los tradicionales modos de pensar la política. En más de un sentido, los textos de Negri constituyen, después de la recepción política de Foucault y de Deleuze –y del postestructuralismo en general–, uno de los puntos de referencia centrales en la articulación de una nueva política no partidaria y en la construcción de una tradición de izquierda al margen de la estructura tradicional de los partidos socialistas y comunistas[139], en un movimiento escandido por el 68, por el obrerismo y la opción armada de los 70 y con la redefinición del rol de la izquierda a partir del 89.

Escrita al calor de las luchas políticas de la segunda mitad del siglo XX, la obra de Negri permite leer una de las cuestiones teóricas centrales de la modernidad. Nos referimos a la relación obra/ vida, o mejor, el lugar de la praxis en el discurso, al modo en que éste se articula, es articulado, a través de una compleja

---

[139] Una lectura crítica de la trayectoria política de Negri, desde los movimientos católicos de Padua hasta los años '70, puede hallarse en Gianmario Bravo, *L'estremismo in Italia*. Ed. Riuniti, Roma, 1982.

trama social que involucra experiencia e instituciones (partidos políticos, universidad, medios, academia, tribunales).

A esta altura, es claro que la biografía teórica de Negri no puede ser leída sino en función de esta intervención política concreta, que supone una toma de posición con respecto al Estado. Sus críticos lo acusan no sólo de irracionalismo, sino de «historicismo absoluto», de ser artífice de un pensamiento en el que los distintos coinciden en la *multitudo* por la fuerza misma de la historia, de modo que la posibilidad de pensar el discurso como representación y como pacto desaparece por completo del panorama teórico[140].

Para decirlo con un vocabulario tomado de Chartier, los tex- tos de Negri plantean el problema de una práctica discursiva que no *refleja* ni *suplanta* la práctica no discursiva, que no puede ser leída ni como una contigüidad ni como una consecuencia «a otro nivel» de esas prácticas, sino que exige ser abordada en términos de interrelación (y que no tiene absolutamente nada que ver con lo que Paul de Man, llama «política exterior de la literatura», referencialista y fáctica[141]). Insertos en un complejo de prácticas discursivas y no discursivas, los escritos de Negri postulan no algo tal de la separación de esferas, sino algo del orden de la *autonomía*.

En este trabajo nos proponemos abordar un texto anómalo en el conjunto de la producción negriana, un texto que, en más de

---

[140] «Según Negri, la globalización quita sentido (si es que acaso lo ha tenido alguna vez; no olvidemos al Toni Negri de los años setenta) a toda forma de representación política, en fin, a las instituciones liberales y democráticas tal como las hemos heredado (y también, por ello, "obsoletas y gastadas") de la tradición europea. A la situación radicalmente nueva que salió a plena luz con el 11 de septiembre se puede reaccionar sólo con la invención de un pensamiento y de un léxico político totalmente nuevos; que exigen el "éxodo de la izquierda de la representación"» (Gianni Vattimo, «Masse di Negri», en *La Stampa*, 24 de diciembre de 2001).
[141] Cfr. Paul de Man, «Semiología y retórica», ed. cit.

un sentido, se ubica en el límite de su producción escrita, en los años en que se produce el cruce entre la experiencia del obrerismo italiano y el continente teórico de los «heideggerianos franceses»[142] (Derrida, Foucault, Deleuze, Guattari). Se trata de *Arte y multitudo* [143], una reflexión ensayística sobre el arte organizada, *modelada* como un conjunto de cartas producidas por Negri en peculiar situación de escritura (el exilio, la condición de indocumentado, le pérdida del contexto político e intelectual italiano).

Estas cartas de Negri se instalan en un doble límite, en un doble margen en el que se tocan la práctica discursiva y el resto de las prácticas sociales: un margen *discursivo*, regido sobre todo por la lógica del ensayo, y al mismo tiempo genérico (en el sentido de conjunto de «normas de cohesión» de naturaleza variable donde se organizan materiales de diferente índole[144]), regido por la lábil retórica de la carta.

Esto implica afirmar, en primer lugar, que en la medida en que participan de las características discursivas del ensayo, estos escritos de Negri se ubican en un lugar periférico en relación con el discurso filosófico, un lugar en el que entran en crisis las categorías de sujeto y de representación. El ensayo, en efecto, se constituye históricamente, en relación con el discurso filosófico, como un discurso cargado de sospecha:

> El gremio [filosófico] no acepta como filosofía más que lo que se reconoce con la dignidad de lo universal, permanente y, hoy también, de lo originario[145].

---

[142] La expresión es del propio Negri.

[143] *Arte y multitudo. Ocho cartas*, Trotta, Madrid, 2000. Prólogo, edición y traducción de Raúl Sánchez. Edición original en italiano: 1988.

[144] Para esta definición semiótico-estilística de género, ver C. Segre, *Avviamento all'analisi del testo letterario*, Einaudi, Turín, 1985.

[145] Theodor W. Adorno, «El ensayo como forma», en *Notas de Literatura*, Ariel, Barcelona, 1962. Trad. de Manuel Sacristán.

En segundo lugar, nuestra lectura supone que, a esta marginalización discursiva con respecto a la filosofía, se agrega una segunda marginalización ligada a una serie de aporías planteadas por el género epistolar y su relación con la institución literaria. En otras palabras, el ensayo, al adoptar la forma genérica de la epístola, asume una posición marginal, *menor*, política, en relación con la literatura y la filosofía como instituciones.

La relación que establecen género y discurso es una relación que podemos llamar «de modalización». Desde nuestra perspectiva, la carta puede ser leída como una *modalización genérica* (Barrenechea) del ensayo entendido como formación discursiva. Esta modalización genérica, entendida como la puesta en funcionamiento de una fluida maquinaria retórica, encuentra su condición de posibilidad en una de las características constitutivas del discurso ensayístico: la puesta en evidencia de que el sentido no puede sino ser sentido en movimiento y que el discurso es, siempre, un discurso en circulación.

1.   *Escritura y lejanía*

En «El ensayo como forma», Adorno compara al ensayista con el extranjero que debe aprender *in situ* un idioma que desconoce. Como para aquel que se ve inmerso en una lengua que no es la suya, para el ensayista el discurso –en tanto enunciado en una lengua ajena– es siempre discurso del otro.

El modo como el ensayo se apropia de los conceptos puede compararse del modo más oportuno con el comportamiento de una persona que, encontrándose en país extranjero, se ve obligado a hablar la lengua de éste, en vez de irla componiendo mediante acumulación de elementos, de muñones, según quiere la pedagogía académica. Esa persona leerá sin diccionario[146].

La posición del sujeto que enuncia el ensayo es la del *deslenguado*, la del extranjero. Para él no hay memorización del léxico posible, sino inmersión en el discurso del otro, en esa palabra que permanece extraña. *Leer sin diccionario*. El ensayo se constituye como una *práctica* discursiva sobre un material discursivo con respecto al cual mantiene una relación de lejanía, de ex-centricidad, de extrañamiento.

Dadas sus condiciones materiales de enunciación[147], *Arte y multitudo* hace del distanciamiento y de la extranjería discursiva una cuestión constitutiva. Precisamente, es desde ese lugar excéntrico, extranjero, de la carta desde donde se genera, según el filósofo alemán Peter Sloterdijk[148], la tradición del humanismo y, con él, la tradición de la filosofía occidental: la filosofía sería, para Sloterdijk, un ejercicio de la amistad, del contacto a través de la *letra* (de ahí que, en Platón, el diálogo escrito y la carta sean los géneros de la filosofía), del *envío* y de la *traducción* (por sobre todas, la traducción de las cartas griegas al latín y la formación del vocabulario técnico de la filosofía escolástica).

En la medida en que se funda en una distancia concreta con respecto al espacio del destinatario, la carta se constituye en género solidario con una situación específica de enunciación que

---

[146] Adorno, Op. cit., pp. 23-24.

[147] Las primeras siete cartas, cuyos destinatarios se encuentran en los momentos de enunciación en Italia, se escriben desde París, donde Negri (condenado a prisión, junto con otros miembros de la organización *Potere operaio*, como presunto líder oculto de una red terrorista) se exilia a comienzos de los años '80 luego de perder sus prerrogativas como diputado en el Parlamento italiano por el Partido Radical. La última carta es escrita por Negri desde Roma, donde entonces permanecía detenido. Su destinatario, esta vez, es el español Raúl Sánchez, traductor del libro al castellano. La carta es de 1988.

[148] Cfr. «Reglas para el parque de lo humano. En respuesta a la *Carta sobre el humanismo*», en *Confines*, N° 8, Buenos Aires, primer semestre de 2000. Traducción de Nicolás Gelormini.

no puede escindirse de la condición de exiliado político, de ausente, de *deslenguado*. En *Arte y multitudo* se recogen cartas escritas desde el exilio, desde un punto central (París y su Universidad, en la que Negri, indocumentado, comienza a trabajar como profesor de Teoría Política) que funciona, paradójicamente, como un lugar de distancia lingüística y política. Desde afuera, el género epistolar –entendido como una de las formas de la «escritura del yo»[149] o como la forma «más antigua y compleja (...) de la escritura privada»[150]– pone en funcionamiento una retórica dialógica y polémica.

Al mismo tiempo, la epístola funciona como una potenciación de las posibilidades de circulación de un enunciado eminentemente político, o mejor, de un enunciado politizado que excede los límites de un territorio, unificado él mismo, formalizado y registrado por la escritura (Petrucci). Se trata de un género menor que materializa la palabra, que escribe la lectura, que corporiza, encarna la voz en letra y en el que el *yo* se inscribe como corporalidad.

En relación con otra de las categorías constitutivas del discurso, el destinatario, *Arte y multitudo* supone una serie de operaciones complejas. En tal sentido, el pacto de lectura de las cartas de Negri remite al de las cartas filosóficas o al de ciertas epístolas paulinas, como la dirigida a Tito[151]. Retomando esta

---

[149] Cfr. Gianfranco Folena, «Presentazione», en *Quaderni di Retorica e Poetica,* I, Padua, 1985.

[150] Armando Petrucci, *Scrivere e no. Pratiche della scrittura e analfabetismo nel mondo di oggi.* Roma, Ed. Riuniti.1987, p. 162.

[151] Un antecedente ilustre de estas cartas de Negri, además de sus *Cartas de Rebibbia* (1983), son las *Lettere Luterane de Pier Paolo Pasolini*, que comienzan con la construcción pormenorizada y detallista hasta el extremo del receptor («Gennariello»). Sin embargo, el pacto que se propone en las cartas de Pasolini es absolutamente diferente del propuesto en *Arte y multitudo*. En efecto, las *Lettere Luterane* instauran una relación eminentemente pedagógica con su destinatario explícito, mas bien en la tradición de las epístolas religiosas y morales a las que el titulo pasoliniano remite. En el caso de *Arte y multitudo*, en cambio, nos encontramos en presencia de textos que funcionan en relación de

tradición de las cartas filosóficas que se inicia con el propio Platón y que se formaliza en el mundo latino con Cicerón y Séneca, las cartas de Negri no admiten ser leídas estrictamente como cartas privadas (es decir, como cartas no destinadas a la difusión), ni como cartas públicas o intervenciones escritas abiertas. Se trata, en cambio, de textos en los que se construye un nuevo tipo de subjetividad, que politizan la separación de lo público y de lo privado, que no se instalan exacta- mente en ninguno de esos dos ámbitos, sino que, ubicándose en el borde de ambos, hacen de esa singularidad en la que se colocan una singularidad colectiva, comunitaria.

La circulación de la carta nunca puede ser controlada hasta las últimas consecuencias. En este sentido, Occidente ha generado el *topos* de la carta perdida: según Sloterdijk, la carta supone lanzar un escrito al mundo sin conocer necesariamente sus receptores. Aunque dirigida a un destinatario explícito, la carta supone un envío que va más allá del receptor concreto al que ésta se dirige. En un punto, el receptor se borra en un rostro sin nombre, en una pluralidad incontrolable. Nunca sabemos del todo dónde irán a parar nuestras cartas, y, para decirlo con Sloterdijk, hasta dónde se extenderá el lazo de la amistad que la reflexión filosófica humanística, *letrada*, supone.

Al mismo tiempo, los destinatarios funcionan como una constelación teórica (como si el libro trazara un mapa del territorio crítico italiano, territorio poblado por nombres propios y conceptos) condenada al silencio. De acuerdo con la retórica clásica, en efecto, la carta es *amicorum colloquium* [152]. Sin embargo, este *colloquium* es, necesariamente, un *colloquium* destinado al silencio, un *colloquium* escindido, trunco, la mitad de un diálogo que nunca llega a constituirse del todo como tal, un intercambio desplazado siempre hacia el futuro, un diálogo

---

comentario y de polémica con el receptor explícito de cada una de las cartas.

[152] La frase pertenece a la segunda *Philippica* de Cicerón.

diferido y, en tanto tal, inmerso en la lógica escrituraria[153]. La carta (*lettre, lettera, letra*), en tanto cuerpo [154], en tanto materialidad, es el significante por excelencia, no es más que el símbolo de una ausencia (Lacan). Asimismo, la carta simboliza la relación que el ensayo mantiene con el sentido. De esta manera, lo que viene a afirmar el ensayo, lo que viene a acentuar el género epistolar, es una verdad que involucra toda producción sígnica: el sentido sólo existe allí donde se produce la circulación del discurso.

2.   *Carta y diálogo*

Esta circulación, este flujo discursivo es, a su vez, un flujo dialógico. La negación con la que se abre el epistolario de Negri («*No*, necesariamente *no* estoy de acuerdo», p. 31) instaura el *pólemos* como condición de toda *filía*. No se puede iniciar el discurso sino en relación con algo que ya fue dicho, sin instaurar, al mismo tiempo que se instaura el yo que escribe (*estoy*) la palabra del otro, aun cuando esa palabra se nos muestre de manera mezquina, reacentuada hasta la deformación, reapropiada por la maquinaria discursiva negriana.

Si la carta, como la letra, supone siempre la ausencia del enunciador, implica al mismo tiempo, sin embargo, la presencia ficcional de la voz del que enuncia y de la voz del otro. En tal sentido, la carta sustituye y transforma en imaginaria la presencia de la voz y la dinámica discursiva del diálogo.

Justamente en una carta a Leon Popper, Lukács aborda el problema de la relación del ensayo con otros discursos. Para el joven Lukács, cada ensayo construye un mundo autónomo con

---

[153] «Mientras el griego Επιστολη comprende también el mensaje oral confiado a un mensajero, el nombre latino *litterae*, generalmente en plural, es justamente una metonimia de la escritura» (G. Folena, Op. cit., p. 5).

[154] Cfr. Nicolás Rosa, *El arte del olvido*. Buenos Aires., Puntosur. 1990.

respecto al construido por los otros ensayos. Coherente con la visión orgánica e idealista de la obra de arte, para Lukács dos ensayos jamás se contradicen. De este modo, Lukács introduce en la reflexión sobre el ensayo la noción de inconmensurabilidad, uno de los conceptos centrales de la estética idealista, como lo demuestra la atención que Croce le presta al concepto en su *Estética*, que, publicada por primera vez en 1901, puede considerarse como la culminación teórica del idealismo. Con todo, desde una perspectiva discursiva materialista, no es posible analizar el ensayo dejando de lado la relación que éste establece con la palabra del otro, sin tener en cuenta que, como formación discursiva, el ensayo exhibe las marcas del discurso ajeno, exhibe las marcas de una lectura. El diálogo «seccionado» por las cartas de Negri es un diálogo sustancialmente polémico[155], un diálogo que retoma la palabra del otro y trabaja sobre ella hasta hacerle adquirir un acento diverso.

En relación con el otro, el sujeto que enuncia asume posiciones variables. En este aspecto, podemos hablar de un enunciador *lábil*, que puede asumir una posición discipular:

Cuando Burke, primero, y luego Kant –me enseñas– redescubrieron la categoría de lo sublime arrebatándosela a las telarañas de la filología... («Carta a Giorgio», p. 34).

una posición pedagógica:

---

[155] Leemos en la carta de Raúl Sánchez, prólogo de la edición castellana: «No es la menor de las consecuencias el librito –no sé si pensarás del mismo modo- la deconstrucción "desde dentro" del territorio estético tradicional, arrancado aquí de su modesta pero segura posición tradicional a la derecha de la metafísica, pero también de su penoso papel de 'ontología democrática débil' en las peores versiones del postmodernismo filosófico» («Carta a Toni, sobre *Arte y multitudo*», p. 8).

El arte es creación y reproducción de lo singular absoluto.
Exactamente como el acto ético. Y después veremos cómo por
esta razón el acto artístico, exactamente como el acto ético,
puede definirse como multitud (ídem, p. 39).

una posición cómplice:

Querido Manfredo:

¿Te acuerdas del «Grupo N»? Acuérdate de cuando
remedábamos a los ingenieros y los obreros y los psicólogos,
descomponiendo el trabajo, disolviendo y replasmando después
mecánicamente los objetos, construyendo maquinitas... («Carta
a Manfredo», p. 42).

El lugar del otro es, también, un lugar en el que se traman
los discursos. El propio discurso de la carta, en *Arte y multitudo*,
es producto de la presencia de la palabra del otro, aun cuando no
se recurra de manera sistemática a la cita directa o indirecta. Para
decirlo con Bajtín:

En la tercera variante, la palabra ajena queda afuera del discurso
del autor, pero éste la toma en cuenta y se refiere a ella. Aquí la
palabra ajena no se reproduce con una interpretación nueva sino
que actúa, influye o de alguna manera determina la palabra del
autor permaneciendo fuera de ella. Así es la palabra en una
polémica oculta y en la mayor parte de las réplicas de un
diálogo[156].

---

[156] *Problemas de la poética de Dostoievski*. Fondo de Cultura
Económica, México, 1986, p. 273.

Es a partir de las operaciones de acercamiento y distanciamiento con respecto a ese «otro lugar» –a ese espacio del «Otro textual» en el que se trama todo discurso (Rosa)– como se despliega el entramado conceptual abierto por las cartas de Negri. Ese «otro lugar», ese cúmulo de lo ya dicho, puede ser subsumido, en *Arte y multitudo*, bajo el concepto general de «posmodernidad». En efecto, el concepto de posmodernidad, que constituye el tema específico de la segunda carta («Carta a Carlo»), es en realidad un concepto que puede ser rastreado a lo largo de todo el epistolario. Se trata, en verdad, de un concepto de posmodernidad que Negri construye en estas cartas a partir de la polémica más o menos explícita tanto con la visión habermasiana como con la de los representantes del *pensiero debole*. «La posmodernidad es el descanso de los sentidos»: el concepto de posmodernidad es explorado por Negri a través de una batería metafórica, que es al mismo tiempo una batería teórica[157].

La posmodernidad, en este sentido, podría ser entendida a partir de una metáfora wittgensteiniana, puede ser «como una muralla». O puede ser entendida, a partir de Heidegger, como un océano. En todo caso, lo que permite el discurso ensayístico es pensar el concepto en tanto metáfora: Leemos en la «Carta a Giorgio[158], sobre lo sublime»:

> Aquí seguimos, a vueltas con ese ser. Hasta ahora lo habíamos considerado una gran masa líquida. Debemos considerarlo también como una gran masa sólida, enorme y sólida, un gran mármol en el que tratamos de leer, a través de las vetas, cómo podría nacer una figura esculpida; o como un árido desierto, cuyas únicas diferencias son largos setos de pedregosas runas. Nos movemos por estas llanuras buscando imposible rupturas. Podría ser lenguaje, esta montaña de mármol, esta llanura de

---

[157] Para Adorno, el «concepto», con el que el ensayo trabaja necesariamente,
permite conectar ensayo y «teoría».
[158] ¿Agamben?

arena: lenguaje que solo de vez en cuando muestra una chispa de sentido. Variaciones imprevistas, inalcanzables. A este horizonte de la más extraordinaria aridez lo llamamos Wittgenstein, así como a ese mar del ser cuya sordidez no impedía lo sublime, a ese mar lo quiero llamar Heidegger (p. 36).

De hecho, *Arte y multitudo* va construyendo una red de sentidos y va resignificando el objeto arte a partir del choque en ese mismo objeto de un conjunto de conceptos («lo abstracto», «la posmodernidad», «lo sublime», el «trabajo colectivo», «lo bello», «la construcción», «el acontecimiento», «el cuerpo») que constituyen el centro de otras intervenciones en torno al problema estético y que Negri reelabora y *marginaliza* (politiza) en relación con el discurso filosófico a través del género epistolar. El género mismo es pensado como una intervención que desestabiliza, en un punto, la placidez del mar heideggeriano, la dureza de la muralla wittgensteiniana, la aridez del desierto postmoderno. En esta rajadura, las cartas despliegan una doble dispersión textual: una mediante los conceptos, otra mediante el nombre propio.

En efecto, estamos ante un universo discursivo que se disemina, por un lado, a través de un conjunto de conceptos que constituyen una *constelación* más que un sistema, conceptos que remiten siempre a algo ya dicho –a algún "preconstruido", como dirían los analistas del discurso– y que se ven resignificados y puestos en diálogo, en movimiento, por cada una de las cartas. Las cartas circulan a través de la pluralidad y de la indeterminación[159]

---

[159] La edición castellana, que incluye notas al texto, no explica quiénes son los distintos destinatarios. Por el concepto que se aborda en las respectivas cartas, deducimos bastante claramente que «Giorgio» es el filósofo Giorgio Agamben, que «Massimo» es el también filósofo Massimo Cacciari, que «Nanni» es el poeta Nanni Balestrini. Pero, ¿quién es en realidad «Gianmarco» o «Carlo»? En rigor, siempre hay un punto en el que, como lectores, aparecemos de algún modo cuestionados. Nuestra inserción en la cadena amistosa es una inserción oblicua, un

de los nombres propios que amplían y sociabilizan la lectura y expanden, más allá de cualquier posibilidad de control, la recepción. De esta manera, la carta textualiza y convierte en exceso (exceso de circulación) la relación de amistad que estaría (Sloterdijk) en la base del discurso filosófico.

3.   *Nombres, conceptos, series*

¿Pero dónde se dirigen las cartas de Negri? En principio, son cartas escritas a amigos. Se pone en funcionamiento una lógica de la amistad como lógica serial, una lógica abierta. Es esta lógica serial la que *encadena* a los nombres propios. Es más, el comienzo mismo del epistolario, o mejor, la carta que abre la edición italiana de *Arte y multitudo*, a la que ya hemos hecho referencia cuando hablamos de la negación, supone la presencia de enuncia- dos anteriores que han sido des*cartados*:

CARTA A GIANMARCO, SOBRE LO ABSTRACTO

1 de diciembre de 1988

Querido Gianmarco:

No, de veras, no estoy de acuerdo. No estoy de acuerdo con tu invitación a volver a la verdad. ¿Qué verdad?... (p. 19).

Este comienzo no puede sino insertarse en una serie que nunca puede aprehenderse de manera absoluta, que se da necesaria- mente como una serie discontinua. La escritura (la letra) en *Arte y multitudo*, instaura una ruptura en un flujo discursivo que se ha iniciado en otro momento, en un momento que para

----

acontecimiento que llega, como dirían Badiou y San Pablo, como un ladrón nocturno, sin que nadie lo prevea.

nosotros, lectores, se presenta como inaccesible, y que, a su vez, no termina allí donde termina la lectura. En efecto, así como no hay origen, sino comienzo, en *Arte y multitudo* no hay fin, sino interrupción. La serie epistolar, potencialmente, siempre puede continuar.

Es esta falta de limitación de la serie lo que se lee en la edición castellana, que incorpora al comienzo una carta de Raúl Sánchez, que funciona como prólogo, y al final una respuesta del propio Negri dirigida a Sánchez, donde examina algunos de los aspectos de las cartas anteriores (escritas con una diferencia de diez años). Esta carta, a su vez, agrega una nueva problemática, la del cuerpo, insta- lada a partir de un hecho relativo al presente de la enunciación: «He asistido», «he gozado». En términos de la teoría del aparato formal de la enunciación, estamos en el plano del *discurso*, en un plano en el que el sujeto se muestra como tal:

> Permíteme hacer un poco de crónica. La semana pasada, durante las horas que mi condición de semi-prisionero me ha permitido utilizar libremente (con diversas estratagemas), he asistido a un espectáculo de Pina Baush y a uno –el *Macbeth*- de Nekrosius. He gozado con estos espectáculos bellísimos en su potencia innovadora. Pero lo que he percibido por encima de todo (...) es que una metamorfosis –que llevábamos esperando mucho tiempo, como animales de presa, agazapa- dos, hambrientos, atentos y palpitantes- que una metamorfosis, pues, ya se ha producido (pp. 72-73).

Más que ante una recolección, estamos ante una serie (siempre es posible añadir una nueva carta al epistolario), ante un discurso en movimiento, un fluir discursivo entrecortado, escandido por cada carta, articulado en la escritura de cada *lettre/lettera*. Conceptos y nombres propios forman una serie desdoblada (toda serie se realiza en, al menos, dos series[160]). En este desdoblamiento, nombres y conceptos aparecen desplazados los unos con res- pecto a los otros. En efecto, más allá de la asociación entre nombre y concepto que constituye el encabezamiento de cada carta, los nombres y los conceptos se entrecruzan a lo largo de todo epistolario. A su vez, la carta, que siempre aparece desplazada en relación consigo misma, constituye, en este desdoblamiento, la instancia «paradojal» que no forma parte de ninguna serie y que no deja de circular entre ambas, entre la serie de los nombres y la serie de los conceptos (Deleuze).

Los nombres propios forman una serie, o mejor, una cadena. En rigor, se trata de una cadena hecha de posiciones textuales que entraman el espacio abierto de los conceptos en términos del *amicorum colloquium* ciceroniano: así como la carta es una letra, un significante, en movimiento, es la circulación del significante lo que determina la posición de los sujetos (Lacan). El mismo Negri es, en la primera carta de *Arte y multitudo*, sujeto (tema) del discurso:

CARTA A TONI, SOBRE ARTE Y MULITUDO

1 de diciembre de 1999

Querido Toni:

A estas alturas, lo innegable es que tu librito, en su extrema condensación, construye una problematización del arte que no permite que nos sustraigamos a las tareas que nos imponen las alternativas de constitución de nuestra época... (p. 9).

---

[160] Cfr. Gilles Deleuze, *Lógica del sentido*, Paidós, Barcelona, 1979.

En tal sentido, podemos hablar de una suerte de trama textual que se urde desde el género epistolar, entendido como uno de los géneros «menores» (con el diario, el grafitti, etc.) en los que el yo se inscribe y en los que el *otro* queda inscripto/escrito como un nombre propio, que no coincide exactamente ni con el lector modelo ni con el lector empírico. Es el diálogo entre el yo que se inscribe y el tú inscripto por el texto donde reside la eficacia (literaria, política) del género para mostrar el pensamiento en proceso, y para evidenciar la constitución de la subjetivad entendida como una posición discursiva. Ese diálogo trunco entre un sujeto que enuncia (y que se sustrae de su propia voz a través de la letra) y otro que calla, textualiza la ficción de la presencia de la voz, materializada en el significante de la escritura.

Este dialogismo, que es la condición de posibilidad de todo pensamiento en movimiento, es decir del ensayo como discurso, supone instalarse e instalar al mismo tiempo el objeto en un cierto registro de verdad. De alguna manera, *Arte y multitudo* comienza planteando aquello que dice, a su modo, todo ensayo: el estatuto histórico (y político) de una verdad que no puede nunca decirse toda:

> Aquí sólo se da la verdad de lo facticio, la verdad de lo que ha sido construido y que para nosotros constituye un nuevo fragmento del ser. Esta verdad no es trascendente ni se remite a algo inmutable y eterno, sino que está hecha, construida, con nuestras pobres manos. Si ésta es la verdad a la que aludes, estamos de acuerdo: pero no es así («Carta a Gianmarco», p. 19-20).

Con *Arte y multitudo* estamos en presencia de un discurso (el del ensayo) que conjetura, que suspende el juicio, más que en presencia de un discurso que argumenta y persuade, y de un género, la carta, que modaliza esa discursividad, que instala en ella una retórica de la subjetividad.

4.   Conceptos y sistemas

Si el ensayo, según Adorno, «consume las teorías que le son próximas: su tendencia siempre es a la liquidación de le definición conceptual», cada carta de *Arte y multitudo* funciona no como la explicación o el desarrollo razonado de un concepto, sino como el despliegue de una red teórica en la que cada concepto funciona como una zona de crispación del discurso, una zona de contacto con algo del orden de lo otro. En cada concepto se articulan cuestiones estéticas, teóricas y políticas; se instala una apertura a otros conceptos y a otras redes conceptuales. Podemos decir, entonces, que las cartas de Negri son un ensayo en la medida en que no se proponen explicar aquello que el arte es, sino abrir aporías, interrogaciones[161] ligadas con el problema del arte en general, y más específicamente con la cuestión del arte contemporáneo.

En *Arte y multitudo*, la carta constituye una resolución formal del imperativo de pensar lo actual, de «pensar lo nuevo en tanto nuevo» (Adorno). Negri, en efecto, piensa el arte tal como éste funciona después de la posmodernidad, después de la muralla (Wittgenstein) y de la fluidez (Heidegger), es decir, como hemos visto, en términos de un acontecimiento.

En este sentido, resulta ejemplar el modo en que Negri traja con el concepto de «realismo», sobre el que se edificó una porción sustancial de las reflexiones sobre el arte de inspiración marxista (notoriamente, la reflexión lukácsiana). Para Negri, la

---

[161] Para la relación entre ensayo e interrogación, ver las iluminadoras palabras del joven Lukács: «La formulación sin mediaciones de la pregunta por la vida, por el hombre y el destino, que es sólo interrogante, puesto que acá la respuesta no conlleva una 'solución' como en la ciencia o –en más sublimes alturas- como en la filosofía: antes bien, como en todo género poético, es símbolo, destino y tragedia» («Esencia y forma del ensayo», en *Eco*, Tomo XIV, N° 3, Bogotá, enero de 1967, .p. 262).

categoría de realismo permite repensar el lugar del arte como fenómeno social. Sin embargo, repensar la categoría de realismo supone interrogar el concepto para hacer de él algo inscripto en el ámbito de lo nuevo, de lo imprevisible. En rigor, lo que hace Negri es repensar la categoría de realismo, tal como ésta es recibida por la crítica marxista después de Lukács. Lo que hace Negri es leer esa categoría desde otro lugar, desde el lugar de una poética del trabajo colectivo:

> Nanni querido, volvemos aquí, pues, a replantearnos el tema del gran realismo. Adecuado a nuestro tiempo, a la abstracción dramática en la que se presenta el ser. Es cierto que el gran realismo ha sido siempre una acción colectiva que producía una excedencia del ser, pero su novedad, la novedad de su esencia, se mide hoy con el tema de la abstracción...
>
> (...)
>
> Hoy el gran realismo se vive entre estas dos grandes tendencias, escindido y recompuesto entre ellas. En ambas, y en su combinación, el realismo es ante todo y esencialmente constructivo. El realismo es la poética que no imita, sino que construye el mundo (pp. 59-60).

El realismo, por lo tanto, leído como una *poética* (constituyente) y no como una estética (contemplativa): como una fuerza constituyente del mundo y no como su reflejo: un realismo que, en tanto producto de un trabajo colectivo, horada la muralla del mercado, produce en ella una veta, una rajadura: el realismo como la emergencia de la subjetividad, como la aparición, la *parusía*, el acontecimiento.

Posmodernidad, acontecimiento, sublime, trabajo colectivo, poética, realismo: se trata de conceptos que no pueden ser leídos sino en la medida en que forman parte de un mismo entramado, de una misma red[162]. En efecto, frente a un mundo conceptual arbóreo, las cartas de Negri asumen una lógica discursiva radicalmente opuesta, una lógica ensayística, que es solidaria de una experiencia, de una práctica (política, académica, filial) concreta[163]: la *autonomía*, entendida como un trabajo en el plano de la dispersión y la horizontalización de lo real. El ensayo, como afirma Adorno, no como una sistemática, no como una forma de razonamiento inductivo o deductivo, sino como la intervención que abre la cosa pensada. Para decirlo con palabras de Adorno, «El pensamiento tiene su profundidad en la profundidad con que penetra en la cosa, y no en lo profundamente que lo reduzca a otra cosa».

El procedimiento de Negri, el procedimiento del ensayo, resulta, al mismo tiempo, un procedimiento polémico deconstructivo, un proceso de reapropiación, de reconstrucción, del sentido. En este aspecto, el género epistolar no sólo modaliza el discurso ensayístico en lo que se refiere a la constitución de la subjetividad y a la circulación de la palabra escrita, sino que lo hace también en lo que se refiera al *pólemos* que se asocia con toda intervención ensayística. Podemos hablar, entonces, de la epístola como texto dirigido hacia un otro cuya palabra, para decirlo bajtinianamente, queda inscripta en el texto, resignificada en otra discursividad.

Un ejemplo de esto es la reapropiación de Negri del concepto de «lo bello» a partir de la lectura que hace Massimo

---

[162] Cfr. al respecto, Umberto Eco, *Semiotica e filosofia del linguaggio*. Bompiani, Milán, 1975. Hay traducción castellana: *Semiótica y filosofía del lenguaje*, Barcelona, Lumen, 1998.

[163] «El ensayo urge, más que el procedimiento definitorio, la interacción de los conceptos en el proceso de la experiencia espiritual. En ésta, los conceptos no constituyen un continuo operativo, el pensamiento no procede linealmente y en un solo sentido, sino que los momentos se entretejen como los hilos de una tapicería. La fecundidad del pensamiento depende de la densidad de esta intrincación» (Adorno, Op. cit., p. 23).

Cacciari de Benjamin[164]. Inserto, intrincado en la red teórica negriana, el concepto de «lo bello» aparece liberado de su carga metafísica. Se pro- duce un proceso de politización, de materialización del concepto:

> No, el artista es, al contrario, el símbolo de la subversión realizada y de la libertad liberada. Nosotros consideramos al verdadero artista como un ser superior, pero no hay ser superior que no sea ser colectivo, ser para el comunismo. En el artista lo colectivo libera una excedencia de ser y la singulariza: y a su vez el artista es una obra de arte (...).
>
> Volvamos, para terminar, a la definición «republicana» de lo bello que opongo a la definición «angélica». Entiendo por republicana la tradición que ve lo colectivo como base para la libre producción del ser. Para lo bello, una excedencia, una innovación. Una libertad que es liberada, cada vez más libre, cada vez más potente. Mientras el ángel es símbolo de un déficit, de una relación que nunca se resolverá («Carta a Massimo, sobre lo bello», p. 56).

En la medida en que opera en el plano de lo dialogal, la carta textualiza una relación de intercambio y de conflicto de voces y materializa el otro en tanto nombre y discursividad, *literaliza* la insistencia del sentido en la cadena del significante (otra vez, por supuesto, Lacan) y *literaliza* la concepción de la verdad, o mejor, del registro de la verdad como producto de la práctica discursiva intersubjetiva.

---

[164] Se trata de *L'angelo necessario*, Milán, Adelphi, 1986. Hay traducción castellana: *El ángel necesario*, Visor, Madrid, 1989.

5.   *Fuerza e interpretación*

Todo ensayo puede ser leído como la narración de un doble proceso de construcción: el proceso por el cual el sujeto se construye como tal en el discurso y construye, en ese mismo movimiento, el objeto pensado. El sujeto es concebido por el ensayo como una actividad, como un yo enunciador a partir del cual se activa la «fuerza interpretativa» de la que habla Adorno. Se plantea aquí una parado- ja, que es la paradoja de la construcción del sentido: el sujeto como activador de la fuerza interpretativa que supone el ensayo es, al mismo tiempo, el producto de la actividad discursiva, del «movimiento discursivo» que es activado en el ensayo por el discurso.

En lo que se refiere al objeto pensado, la unidad del epistolario que constituye *Arte y multitudo* responde a un criterio de unificación temática (el problema del arte). Sin embargo, no es el objeto pensado lo que hace que este epistolario pueda leerse en términos de ensayo, sino el modo específico en que las cartas se sitúan en relación con la problemática del arte, el modo en que ponen en funcionamiento la «fuerza interpretativa».

Desde una perspectiva adorniana, en el ensayo la interpretación no coincide exactamente con el acto de lectura. Más que de una hermenéutica, el ensayo supone una «política de la interpretación». Para Adorno, en efecto, el ensayo supone una preeminencia de la interpretación entendida en términos de potencia, de fuerza: la actividad de lectura surge de la diferencia entre la interpretación y el texto.

Leídas en términos de fuerza interpretativa, las cartas de Negri constituyen un gesto de articulación de campos diferenciados, que pasan a ser leídos no en lo que tienen de diferentes, sino en lo que permite acumularlos. Estamos ante intervenciones teóricas que ponen en crisis no sólo la categoría de sujeto, sino también el objeto mismo que piensan: el arte no es leído por Negri en términos de *autonomía* y de *especificidad*, sino en términos de intervención política. Así, en Leopardi, por ejemplo, Negri encuentra la definición de práctica social más cercana a la propia:

> Cuando digo práctica, digo evidentemente una práctica que se apoya en el ser, lo transforma, lo produce y lo reproduce. Converso directamente con el ser cuando hablo de imaginación y práctica. Los dos términos son casi sinónimos, ocupan el mismo espacio con funciones diversas, el espacio del hacer, del hacer poético sobre todo. Me vuelve a la cabeza Leopardi, su insistencia en el sensismo, en el materialismo de su hacer el ser –y para él esta creación es el único momento de la salvación... («Carta a Giorgio», p. 35).

Arte y ensayo coinciden en tanto prácticas constituyentes de lo social. Su relación con lo social no es una relación mediada, por- que son ellos mismos lo social.

Si, como enseña Bürger, el montaje es uno de los procedimientos constitutivos del arte moderno, el ensayo opera de manera similar: de acuerdo con Adorno, y como sucede con la música autónoma, el ensayo no intenta reapropiarse de aquello que piensa, sino «reconstruirlo partiendo de sus *membra disiecta* conceptuales». En este punto, el ensayo como discurso, el ensayo como intervención y como fuerza interpretativa funciona como un *analogon* del objeto arte, leído él mismo como intervención y como fuerza, o lo que es lo mismo, el ensayo como discurso y la carta como género funcionan como el objeto mismo que se piensa.

Ya en el temprano ensayo de Lukács se insiste en la relación entre ensayo y arte. Para Lukács, el ensayo es un «género estético» que en última instancia tiende a identificarse con el objeto mismo que piensa: «como en un cuento de hadas, de cada interrogación surge un objeto semejante al que le dio origen»[165].

---

[165] G. Lukács, Op. cit., p. 268.

En Lukács, la crítica (y el ensayo es, no olvidemos, la forma crítica por excelencia[166]) coincide con el objeto que piensa. En rigor, se trata de un objeto, el arte, bastante diferente del que construye Negri en sus cartas. Se trata, en efecto, de un objeto orgánico, prevanguardista: el mismo objeto que se piensa, por ejemplo, en la *Estetica* idealista de Croce:

> [la concepción orgánica es] la de que todos los elementos de una obra deben formarse de un solo material, que cada una de sus partes ha de organizarse manifiestamente a partir de un solo punto[167].

En Negri, en cambio, el arte es pensado como singularidad[168] y, al mismo tiempo, como trabajo colectivo.

Es sobre todo en la última carta, la carta de 1998 dirigida a Sánchez, donde Negri lleva al extremo la voluntad de pensarse al mismo tiempo en que se piensa el objeto pensado. Ahora el arte se entiende como cuerpo y se identifica con la práctica concreta en el que el yo se constituye a sí mismo. Dice Negri, refiriéndose al propio Sánchez:

> Así, pues, también en el caso de la relación invertida entre estética y poética, asistimos, y vivimos paradójicamente, la vicisitud que describimos desde el comienzo, cuando lo abstracto es subsumido por lo concreto y sólo ahí es capaz de decirse, como en lo sucesivo la modernidad sólo es declive en

---

[166] Adorno, Op. cit.

[167] Lukács, Op. cit., p. 262.

[168] Al respecto, sintomática la cita de Lyotard con la que Negri cierra la primera carta: «Pensar es acoger lo que acontece según su singularidad. La obra de arte no hace sino eso. Cuando llega al mundo, hace presente un juego de colores –o de sonidos o palabras– que hasta entonces era inimaginable. Esto resulta especialmente cierto respecto del arte contemporáneo desde la invención de la abstracción» (*Lo inhumano*).

el seno de la postmodernidad. Llegados a este punto, Raúl querido, hermanito mío, ¿qué hacemos con la estética? Por otra parte, es estúpido que yo trate de explicártelo: por lo poco que sé, has transformado tu vida en una poética de la metamorfosis: nada de 'estético', por supuesto, ningún dandismo ni tampoco spleen, ni Oscar Wilde ni Baudelaire: al contrario, una poética que atraviesa la 'okupación' y navega en la red, pinta *à la* Basquiat en los transportes públicos y escribe poesía *à la* Seattle... («Carta a Raúl, sobre el cuerpo», p. 76).

Hacer de la poética una praxis vital. En este punto, la carta pasa a ser uno de los modos de la poética política propugnada por Negri. En efecto, la carta como intervención política subraya lo que esa intervención tiene de subjetivo, lo que esa intervención tiene de (re)constuctivo en relación con el sujeto como experiencia.

En *Arte y multitudo*, la reconstrucción es reconstrucción de un relato. La confianza en el arte, la capacidad del arte de anticipar, en sus propias condiciones de producción, el futuro, reside en que es, ante todo, construcción de un relato. Ese poder reconstructor, de producción y re-producción de la subjetividad, lo encontramos a lo largo de todo *Arte y multitudo*, donde se va diseminando la propia narración autobiográfica, donde se va desplegando de manera entre- cortada el relato del yo. Veamos algunos ejemplos:

> Sin embargo, tú objetas: otras veces, y de otra manera, hemos conocido la realidad. Ahí está nuestra biografía para demostrarlo. Lo real era grande y grueso ante nosotros, justo e in- justo, verdadero y falso, bello y feo. Entre esas alternativas luchamos –y no dudábamos sobre su valor–. Los años que condujeron al 68. Entonces, nuestra estética fue la de la resistencia, la desmitificación y luego la ofensiva («Carta a Gianmarco», p. 22).

Cuando yo, y toda una generación, fuimos a la cárcel, fuiste uno de los poquísimos que dijeron que una época había ter- minado («Carta a Carlo», p. 28).

Por ejemplo, cuando yo mismo sufrí la derrota política de los años setenta y en la desesperación más profunda pedí al arte que me ayudara a soportarla y me explicara cuáles eran las vías individuales de resistencia y de redención, estuve muy cerca de la ilusión y la frustración. Intentando vivir la emoción poética como vía para salir del horror y de la angustia, sobrevaloraba las posibilidades del arte (...). En caso de que se hubiera querido verdaderamente salir de la crisis (y se hubiera podido hacer) hacía falta algo muy distinto... Era el compromiso de recuperar un camino solidario en la lucha por la transformación y por tanto de reencontrar las dimensiones colectivas de la producción de la libertad y de lo bello («Carta a Massimo», p. 55).

Ir de lo individual a una enunciación «colectiva», comunitarias. En este sentido, las cartas son, en sí mismas, formas genéricas de la intervención política, que es una intervención sobre el cuerpo, que es una intervención biopolítica. Son formas en las que el sujeto se despoja de sí mismo y se produce la apertura a lo otro:

Debemos vivir y sufrir la derrota de la verdad, de nuestra verdad. Debemos destruir su representación, su continuidad, su memoria, su huella. Hay que rechazar todo subterfugio en el reconocimiento de que la realidad ha cambiado, y con ella la verdad. Hay que despojarse hasta de la propia biografía. Cambiar la sangre en las venas.

He aquí un auténtico momento cristiano de nuestra vicisitud: ser capaces de una separación radical de nuestra realidad, de un abandono y una ausencia que nos pongan, de nuevo, en contacto con lo otro, con el amigo abandonado, con lo real que se había dispersado («Carta a Gianmarco, sobre lo abstracto», p. 24).

O, en otros términos, la carta, como lugar textual en el que el yo se escribe a partir de su propia (re)construcción, como lugar de desviación, de alteración, en el que «yo se dice como él»[169], en el que, con palabras de Negri, tomar la palabra «significa hablar colectivamente» (p. 46).

Hay en este punto un lugar en el que género y discurso se encuentran. En efecto, si la carta es uno de los géneros en el que el yo se es/inscribe, el ensayo trabaja en el plano de la reflexión[170]. En este punto, el arte como poder constituyente, la carta como autoescritura y el ensayo como reflexión coinciden.

La conexión entre carta, ensayo y arte va más allá. En efecto, la carta, en la tradición occidental, aparece ligada al regalo, al don (Barrenechea), como algo que escapa al orden de la mercancía. En *Arte y multitudo*, el discurso se genera en un espacio comunitario, que no coincide exactamente con el espacio del yo. A la ficción de la autogeneración, de la partenogénesis, estas cartas oponen la dispersión, el diálogo, el cruce de lenguas como condición de todo discurso. En consecuencia, el ensayo como lugar de negatividad pura (Adorno), la carta familiar como zona de politización, de evento de lo subjetivo que se hace colectivo, y el arte como singularidad no prevista, como anomalía en la que «el poder colectivo de la libe- ración humana prefigura su destino» (p. 62), vienen a afirmar una misma cosa: el acontecer de la comunidad, la construcción del he- cho político entendido como una veta, una rajadura que se produce en la murralla del mercado:

El arte es irreductible a valores medios. Ejemplar es su reproductibilidad singular. El arte es creación y reproducción de lo singular absoluto («Carta a Giorgio», p. 39).

---

[169] N. Rosa. Op. cit., p. 56.
[170] Adorno, Op. cit., p. 35.

O, como concluye bellamente Negri en la «Carta a Raúl», como desviación, como clinamen, como hendidura de lo histórico, de lo singular, en el seno mismo de lo real:

> El arte, la poética postmoderna de los cuerpos es necesariamente contra natura. No es que lo devenga; no es que, a tal fin, se deban seguir aún especiosos dictámenes de las van- guardias, gargarizar los 'ismos', declamar manifiestos fu- turistas o utópicos: no, la poética postmoderna de los cuerpos es ya contra natura (...). Esto es lo que significa entre otras cosas estar en contra de esa maldita naturaleza, constituida por átomos que llueven tranquilos y repetitivos (siempre, no obstante, acompañados de la policía –ya sea divina o humana, clerical o laica–)... hasta que una fuerza poética, un 'clinamen' de multitudes singularísimas en singularísima revuelta, con actos poéticos, lo rompe todo, y transforma esa caída de los átomos en un acto de amor («Carta a Raúl, sobre el cuerpo», p.79).

6. *Postdata*

En estas cartas el arte es el comunismo en los hechos. El arte es, para Negri, construcción de comunidad, excedencia del ser. Es trabajo colectivo no alienado. En este punto, la carta funciona, otra vez, como realización formal de esta concepción[171], como instancia de articulación de una «comunidad textual». Su eficacia formal reside en la capacidad para plantear, en su forma misma,

---

[171] Para decirlo con Sloterdijk, no se puede pensar la carta sin pensar, al mismo tiempo, la comunidad, en el «phantasma comunitario» que subyace a todo el humanismo. En este contexto, la muerte del género epistolar es un índice de la muerte del humanismo: «La época del Humanismo nacional-burgués llegó a su fin porque el arte de escribir cartas inspiradoras de amor a una nación de amigos, aun cuando todavía sea practicado profesionalmente, nunca podría alcanzar a anular el lazo telecomunicacional entre hablantes de una moderna sociedad de masas» (Sloterdijk, Op. cit, pp. 10-11).

aquello que todo ensayo y que todo acto poético (entendido, claro está, en términos negrianos) postula: una emergencia y un proceso de construcción tanto del sujeto como del objeto que piensa, un proceso en el que la palabra ajena se transforma en propia (o, según Bajtín, *propia-ajena*), que transforma el objeto en sujeto a través de la relación dialógica.

Desde el límite de la institución literaria, la carta viene a hacer evidente la verdad de todo discurso: el sentido sólo existe en la circulación. En efecto, no hay carta sin desplazamiento. En el caso de las cartas de Negri, en las que hemos identificado algunos de los elementos propios de las llamadas «cartas familiares», estamos en presencia de un género menor (lengua minoritaria-inmigratoria, enunciación colectiva, politización[172]) que circula por los límites del sistema literario y del sistema filosófico, un género que, gracias a su fluidez de contenido puede funcionar como una instancia formal en la que se articulan lo literario, lo filosófico y lo político.

En la medida en que es discurso materializado (y, en tal sentido, puede ser entendida como una sinécdoque de la escritura), la carta da cuenta de la extranjería desde la que se enuncia todo en- sayo: la palabra de Negri es una palabra que llega desde lejos, una intervención que irrumpe desde afuera.

La carta es temporalización y espacialización de la escritura. En tal sentido, es en sí misma un hecho poético-político, una pequeña máquina de guerra: no hay carta sin distancia y sin desplazamiento del sentido, sin una lectura que inevitablemente funciona a destiempo y a distancia[173], sin la inserción, incluso mínima, de lo histórico, de la subjetividad como desvío, una mirada oblicua a través de la tierra baldía de lo real.

---

[172] Nos referimos, por supuesto, a las características de literatura menor según Deleuze y Guattari.

[173] Para las relaciones entre carta, significante y lugar, ver las observaciones de J. Lacan en el seminario sobre la carta robada incluido en *Escritos 1*, Paidós, Barcelona, 1993.

APUNTES (V). VIDA (Y ARTE) EN VENECIA[174]

La tarea más difícil y urgente de la actual reflexión estética es la de construir un discurso alternativo a los que dominaron el panorama filosófico (al menos en Europa) durante la segunda mitad del siglo XX, es decir, una estética alternativa a la hermenéutica de cuño heideggeriano, por un lado, y a los formalismos estructurales y semiológicos, por el otro. Para ambas tendencias, el centro estaba puesto en el problema de la definición del arte, en el desciframiento del objeto estético sea como «apertura del ser» (en la estela de Heidegger), sea como conjunto de procedimientos específicos (en la estela del formalismo ruso). Sin embargo, estas teorías hablaban, de alguna manera, de un objeto que la modernidad misma (romanticismo, simbolismo, vanguardia, medios) puso en crisis, de una esfera fragmentada cuya inmanencia es algo absolutamente del pasado. En este sentido, una teoría estética realmente contemporánea debería dar cuenta de la especificidad del objeto estético, pero también de las complejas y peligrosas relaciones entre arte, política e historia que su fragmentación ha puesto en evidencia.

Para Massimo Cacciari, profesor de Estética en el Instituto Universitario de Arquitectura de Venecia, ex diputado por el Partido Comunista en el parlamento italiano, alcalde durante varios períodos de la ciudad adriática por una coalición de socialistas, comunistas y ecologistas y uno de los pensadores ineludibles de la nueva Europa (ahí están la *Geofilosofia dell'Europa* y *El Archipiélago*, para confirmarlo), esa exploración es, antes que nada, un gesto reflexivo que coincide con el utópico regreso a un inicio que siempre permanece como impensado. En efecto, hacer filosofía, parecería afirmar Cacciari, consiste esencialmente en internarse en el complejo tejido de *decisiones* (*decidir*, en el sentido de *recortar, determinar, distinguir, discernir,* es uno de los conceptos centrales del filósofo veneciano)

---

[174] Reseña de *El Dios que baila*, de Massimo Cacciari (Paidós, Buenos Aires, 2000), publicada en *Radarlibros*.

que están en el fondo de conceptos constitutivos de Occidente como «arte», «política» o «religión». Pensar, entonces, desde un lugar primario: la filosofía es, antes que nada, un trabajo de mostración (¿Wittgenstein?) y de descomposición (¿Derrida?), un destejer las solidificaciones de sentido para llegar a un punto en el que lo que percibimos es la fluidez permanente y angustiante de lo real. En este marco, los seis ensayos de Cacciari reunidos en este libro y publicados en medios franceses entre 1981 y 1992 se internan en la definición de arte en los dos planteos fundantes, decisivos, de la tradición estética occidental: la definición platónica del arte como mímesis y la postulación hegeliana de la «muerte del arte».

En los tres primeros artículos, Cacciari plantea una problematización política del arte en términos de *poiesis*. Para ello interroga la condena platónica del arte como *mímesis de la mimesis*, es decir, la concepción del arte como técnica (*tejné*) específica cargada de una peligrosidad originaria que está en la base de la expulsión de los poetas de la república platónica. En efecto, el arte es un hacer del delirio, una *manía*, una reproducción de una reproducción, una imagen de una imagen y una apertura a lo otro. De ahí las tensiones irreductibles y constitutivas del hacer estético con respecto a los otros tipos de prácticas no sólo toleradas por la *polis* (y por el filósofo, que es su custodio) sino consustanciales a ésta.

Un segundo conjunto de artículos analiza la formación de una teoría del arte en el ámbito de la *Kultur* germánica del siglo XIX y de la primera mitad del XX, a la que el ahora riquísimo Nordeste italiano, con Venecia y Trieste como epicentros, no ha sido en absoluto ajeno. Cacciari, que abordó de manera sistemática en *Krisis* (1976) y *Dello Steinhof* (1980) este período, vuelve a recorrerlo en *El dios que baila*, desde las póstumas Lecciones de Estética de Hegel hasta las vanguardias, pasando por Schopenhauer, Nietzsche (suya es la frase que da título al libro), Wagner y Rilke. Singularmente bello es el ensayo «Los mensajeros silenciosos», en el que la determinación de las relaciones entre música, narración y silencio (y Cacciari no es extraño a los avatares de la música moderna: en 1986 tuvo a su cargo la selección y cuidado de los textos de uno de los fragmentos musicales ineludibles del siglo XX, el *Prometeo, tragedia dell'ascolto,* de Luigi Nono, también él veneciano, de la Giudecca) ocupa un lugar central.

Interrogar estas formas de pensar el arte es un modo de posicionarse políticamente en el extraño panorama estético de estos últimos años. De hecho, a lo largo de *El dios que baila* se va construyendo una noción de arte que admite ser leída en términos de analogía con esa Europa pensada por Cacciari desde su archipiélago veneciano, desde esa enigmática y morosa zona de la *Mitteleuropa* en donde las contradicciones (oriente/occidente, sacro/profano arte/ turismo de masas, tierra/laguna) nunca dan pie a una superación dialéctica ni a una conciliación trascendental. Venecia como sinécdoque de Europa, como una Viena pequeña y acuosa; el arte, como lugar en el que se elaboran las contradicciones, como territorio en el que acontece un permanente abrirse a nuevas formas de decir, donde lo ajeno (y no hay arte sin experiencia de lo otro, de lo angélico, como afirma Cacciari en *El ángel necesario*) nunca deja de ser, en el fondo, el *hostes,* el extraño, el (o lo) otro. Es en esta reflexión estética, en este trabajo sobre las aporías, sobre la disonancia, donde radican la condena, el fascinante peligro, la incómoda politicidad del arte.

APUNTES (VI). DOLOR Y POLÍTICA[175]

Job es un libro anómalo dentro de la producción de Toni Negri. Escrito entre Roma y París a comienzos de los 80, se trata de un texto que busca líneas de fuga con respecto a las intervenciones anteriores del hoy famoso coautor de *Imperio* en las que se analiza- ban cuestiones ligadas con la filosofía política y con la acción concreta. Frente a estos escritos, Job venía a plantear la revisión de un proyecto político (el de la autonomía y el obrerismo) a esa altura ya desarticulado por el terrorismo, la represión, la cárcel, el exilio. En estas condiciones extremas, Negri –que encontró en los textos de Foucault, de Deleuze, de Guattari, el lugar teórico del «laboratorio político» italiano–, se entregó a la lectura apasionada de Spinoza, a partir del cual pensó, en libros como *La anomalía salvaje* y *Spinoza subversivo*, la reconstrucción de una teoría materialista de lo político y lo social. El «cattivo maestro» leía, también, a Leopardi, el más grande de los románticos italianos al que dedicaría el libro *Lenta ginestra*. Y leía, al mismo tiempo, el libro bíblico de Job, que forma parte de los textos sapienciales. Spinoza, Job, Leopardi fueron, para el teórico italiano, viajes de ida. A partir de ellos fue posible comenzar a pensar la reestructuración del sujeto colectivo y de la lucha política alternativamente a la tradición hegemónica del materialismo dialéctico e historicista.

El libro de Negri, cuya versión italiana se publicó en 1990, está dedicado «a aquellos que no se arrepintieron, a las nuevas generaciones». La dedicatoria actúa como una toma de posición con respecto a una tradición interpretativa plurisecular que ha hecho de Job y de sus padecimientos un ejemplo de la resignación y del arrepentimiento ante el poder divino. Job –cuyo relato funciona como una parábola que, de alguna manera, da cuenta del derrotero político e ideológico del propio Negri– es aquel que se reconstruye como sujeto a partir de la experiencia extrema,

---

[175] Reseña del libro *Job. La fuerza del esclavo* (Paidós, Buenos Aires, 2003), de Toni Negri, publicada en *Radarlibros*.

incomunicable, del dolor. El libro de Job –que es producto de la reunión de un conjunto de textos en prosa y en verso de diferentes épocas acerca de un personaje oriental que, de un día para otro y sin entender bien por qué, pierde toda su fortuna y recibe la terrible noticia de la muerte de sus siete hijos y de sus tres hijas– es una sucesión de largos monólogos del desdichado anciano y de sus amigos (que han venido a reconfortarlo desde regiones lejanas) y se cierra con una intervención directa de Dios en la que se encuentran las celebérrimas descripciones de los monstruos Behemot y Leviatán.

En las interpretaciones judeo-cristianas más consolidadas, la historia de Job es la historia del justo que recibe un castigo sin causa aparente, que desafía a Dios y que termina arrepintiéndose ante Él después de haberlo visto y, sobre todo, escuchado. Frente a esta interpretación teológica, Negri propone una lectura *ontológica*, una lectura que no reconstruye la figura de una teodicea -un largo juicio de la conducta de Dios- sino la historia de la constitución *humana* del ser y de la subjetividad. En este sentido, *Job* es una eficaz intervención contra las posiciones dialécticas dominantes en las prácticas políticas de la izquierda. El libro bíblico, en efecto, no plantea una lucha cuerpo a cuerpo con Dios en la que cabe alguna superación hegeliana, sino que es el relato de la constitución de una subjetividad colectiva que hace del dolor, y de la inexpresabilidad del dolor, el punto de partida de la constitución del ser social. Job es no sólo aquel que se resigna, sino sobre todo es aquel que instaura, en su negación absoluta de lo divino, una potencia que no puede ser reducida a los límites de la medida, que no puede traducirse en un conjunto de valores codificados. Es trabajo excedente, excesivo. Es una potencia absoluta, constituyente: la puesta en marcha de un trabajo creativo que innova «el tejido ontológico del mundo».

Para Negri, el camino que se abre con Job es el de la potencia encarnada en el Mesías, el de Spinoza expulsado de la sinagoga, el de Wittgenstein que abandona fortuna y abolengo en Viena para ser maestro rural u hortelano. Es en el último

Wittgenstein, el de las *Investigaciones filosóficas*, donde según Negri se produce la articulación moderna de una tradición alternativa a la teología, al pensamiento negativo y a las hermenéuticas heideggerianas del ser arrojado en el mundo. Más allá del lenguaje hay algo que participa de lo inexpresable, que sólo puede ser reencontrado en una instancia intersubjetiva. «Yo no puedo sentir tu dolor», escribe Wittgenstein en su obra póstuma. Pero sí puedo, a través de la compasión, colocarme en una condición similar a la que produjo ese dolor en el que se forman los grandes sujetos colectivos. Leído en esta serie, el libro de Job no es sólo el relato de la potencia constituyente como fuerza irreductible a la dialéctica del valor: es también el relato de la formación (de la constitución, como prefiere decir Negri) de una ética colectiva, irrepresentable.

Diego Bentivegna realizó estudios en las universidades de Buenos Aires y Venecia y en la Scuola Normale Superiore de Pisa. Es docente de grado y posgrado en la Facultad de Filosofía y Letras de la UBA, donde obtuvo su doctorado en Letras, en la Maestría en Análisis del Discurso de esa misma Universidad y en la Maestría de Estudios Literarios Latinoamericanos de la UNTREF. Ha sido investigador invitado en las universidades de Ámsterdam, J. Pessoa, Florianopolis, Valencia y Newcastle. Es investigador adjunto del CONICET y director e impulsor del Observatorio Latinoamericano de Glotopolítica (UNTREF). Es miembro fundador del Anuario Latinoamericano de Glotopolítica. Codirige con Daniel Link la colección Pequeña Biblioteca de Teoría en la *Eduntref*. Estuvo a cargo de la edición castellana de obras de Pasolini, Foscolo y Gramsci. Es autor de libros de ensayo (*Paisaje oblicuo, La domesticación literaria, Castellani crítico*) y poesía (*Las reliquias, La pura luz, Geometría o angustia*).

ÍNDICE

www.ingramcontent.com/pod-product-compliance
Lightning Source LLC
Chambersburg PA
CBHW052105150726
48002CB00006B/2224